LA DIVINE ILLUSION

DU MÊME AUTEUR

La contre-nature de Chrysippe Tanguay, écologiste, Leméac, 1984.

La poupée de Pélopia, Leméac, 1985.

Rock pour un faux-bourdon, Leméac, 1987.

Les feluettes ou *La répétition d'un drame romantique,* Leméac, 1987.

Les muses orphelines, Leméac, 1989 ; 1995.

L'histoire de l'oie, Leméac, 1991.

Les grandes chaleurs, Leméac, 1993.

Le voyage du couronnement, Leméac, 1995 ; 2000.

Le Chemin des passes-dangereuses, Leméac, 1998.

Les papillons de nuit, Leméac, 1999.

Sous le regard des mouches, Leméac, 2000.

Les manuscrits du déluge, Leméac, 2003.

Les porteurs d'eau, Leméac, 2004.

Le peintre des madones ou *La naissance d'un tableau,* Leméac, 2004.

Des yeux de verre, Leméac, 2007.

Tom à la ferme, Leméac, 2011.

Christine, la reine-garçon, Leméac, 2012 ; 2013.

Michel Marc Bouchard

LA DIVINE ILLUSION

théâtre

LEMÉAC

Photographie de couverture : © Julie Perreault

Toute adaptation ou utilisation de cette œuvre, en tout ou en partie, par quelque moyen que ce soit, par toute personne ou tout groupe, amateur ou professionnel, est formellement interdite sans l'autorisation écrite de l'auteur ou de son agent autorisé.

Leméac Éditeur remercie le Conseil des arts du Canada, la Société de développement des entreprises culturelles du Québec (SODEC) et le Programme de crédit d'impôt pour l'édition de livres du Québec (Gestion SODEC) du soutien accordé à son programme de publication.

Financé par le gouvernement du Canada
Funded by the government of Canada | **Canadä**

ISBN 978-2-7609-0449-1

© Copyright Ottawa 2015 par Leméac Éditeur
4609, rue D'Iberville, 1er étage, Montréal (Québec) H2H 2L9
Dépôt légal – Bibliothèque et Archives nationales du Québec, 2015

Imprimé au Canada

À Jackie Maxwell.
À Serge Denoncourt.
À l'amitié, au talent, à l'estime et à la fidélité.

Sans l'art, que serait la vie ? Manger, boire, dormir,
prier et mourir ?
À quoi bon vivre plus longtemps ?

SARAH BERNHARDT
Québec, décembre 1905

2 auteurs
à travers
leurs oeuvres
respectives
font une critique
de cette société québécoise

Vous étudierez
ces oeuvres ont mauvaises de la
représentation des enfants à cette
époque, soit par violence/ vois
nous ou pur pression au travail
et famille.

quête initiatique

Une éclaircie! Ce fut une éclaircie!

En ce froid décembre de 1905, Michaud, un jeune séminariste beaucoup plus enclin à l'extase théâtrale qu'à la quête spirituelle, fait la rencontre de son idole, la divine Sarah Bernhardt, qui, telle une éclaircie, vient de débarquer dans sa ville sombre. À l'âge où s'éveille la conscience sociale, Michaud découvre les misères de son monde : le sort d'une jeunesse embrigadée dans des diktats religieux, celui d'enfants exploités dans des usines et d'autres victimes d'abus sexuels. Il se demande alors comment réconcilier le sublime du théâtre et les malheurs de l'humanité. La réponse viendra de ses entretiens inespérés avec la Divine. *Sarah*

Ma pièce a été inspirée par les deux déclarations-chocs que l'actrice fit lors de son séjour à Québec : l'une sur l'ignorance du peuple et l'autre sur l'importance de *en 2015* l'art dans la société. Encore aujourd'hui, les dogmes religieux déchirent les nations et font d'innombrables victimes. Encore aujourd'hui, des millions d'enfants sont exploités dans des manufactures insalubres. Encore aujourd'hui, l'inculture de nos gouvernants, thuriféraires d'actionnaires anonymes, se traduit par une absence d'idéaux, et par la fabrication de « sans joie » et de « confort confortable ». Et encore aujourd'hui, la vulgarité gagne le peuple, qui devient de plus en plus sourd aux discours inspirants.

Sarah Bernhardt enseigne à Michaud à exprimer sa révolte en puisant dans ce qui le rend lumineux.

Malgré ma propension à voir tout ce qui va mal dans notre société, j'arrive encore – par des exemples de solidarité humaine ou par la beauté de la nature ou par un poème –, j'arrive encore à percevoir une éclaircie, et ce moment divin d'illusion m'invite à poursuivre mes batailles!

Le théâtre ne peut changer le monde. Je crois qu'il peut en créer un meilleur.

MICHEL MARC BOUCHARD
Montréal, 2 octobre 2015

CRÉATION ET DISTRIBUTION

Cette pièce a été créée le 24 juillet 2015 au Royal George Theatre, au Shaw Festival (Niagara-on-the-Lake), sous le titre *The Divine : A Play for Sarah Bernhardt*, dans une traduction de Linda Gaboriau et une mise en scène de Jackie Maxwell. Elle a été créée dans sa version originale le 10 novembre 2015 au Théâtre du Nouveau Monde (Montréal), sous la direction artistique de Lorraine Pintal, dans une mise en scène de Serge Denoncourt, assisté de Suzanne Crocker.

Mikhaïl Ahooja (Talbot)
Simon Beaulé-Bulman (Michaud)
Annick Bergeron (madame Talbot)
Luc Bourgeois (Meyer)
Éric Bruneau (Casgrain)
Anne-Marie Cadieux (Sarah Bernhardt)
Louise Cardinal (Thérèse Desnoyers)
Lévi Doré (Léo)
Gérald Gagnon (le patron)
Marie-Pier Labrecque (Madeleine)
Dominique Leduc (Emma Francœur)

Décors : Guillaume Lord
Costumes : François Barbeau
Éclairages : Martin Labrecque
Maquillages : Amélie Bruneau-Longpré
Musique : Laurier Rajotte
Perruques : Rachel Tremblay
Accessoires : Julie Measroch

PERSONNAGES

MICHAUD : Jeune séminariste issu d'une famille aisée.

MADAME TALBOT : Mère de Talbot et de Léo. Veuve. Ouvrière à l'usine de chaussures.

TALBOT : Jeune séminariste issu d'une famille pauvre.

LÉO : Jeune frère de Talbot. Ouvrier à l'usine de chaussures.

CASGRAIN : Élégant frère témoignant du prestige du Grand Séminaire.

EMMA FRANCŒUR : Ouvrière à l'usine de chaussures.

THÉRÈSE DESNOYERS : Ouvrière à l'usine de chaussures.

LE PATRON : Propriétaire de l'usine de chaussures.

SARAH BERNHARDT : Illustre comédienne française en tournée à Québec.

MEYER : Imprésario de Sarah Bernhardt.

MADELEINE : Jeune comédienne de la troupe de Sarah Bernhardt.

VOIX HORS-CHAMP DE JOURNALISTES

L'action se déroule à Québec, en décembre 1905. Les différents lieux proposés – scène et loge de théâtre, entrée des artistes, manufacture – sont évoqués dans le dortoir.

1. LE DORTOIR

Le dortoir du Grand Séminaire. Plusieurs lits de fer, chaises et tables de chevet. Des rangées superposées de grandes fenêtres à carreaux. L'ensemble s'apparente aux couleurs pastel et transparentes des tableaux du peintre Jean-Paul Lemieux où le blanc nacré et le noir pâli dominent. Une très haute échelle atteint une fenêtre ouverte. Il neige. Michaud, vêtu d'une chemise et d'un pantalon de collégien, est assis au sol, la tête contre son lit. Il prend des notes dans un cahier.

MICHAUD, *se relisant.* «Quand la rumeur du public s'évanouit, au moment où le noir se fait dans la salle, on retient son souffle et on ne fait plus qu'un. Le rideau se lève et on découvre le décor. Qui va entrer par cette porte? Qui va monter dans cette échelle? Qui va dormir dans ces lits? J'aime le théâtre. J'aime le théâtre parce que ce n'est pas ma vie.»

On entend siffler un train au loin. Michaud range son cahier sous le matelas. Puis, jumelles en main, il gravit l'échelle et cherche à apercevoir quelque chose. La cloche du séminaire résonne.

Talbot, pansement au front, baluchon à l'épaule, entre dans le dortoir en compagnie de sa mère, qui tient une modeste valise.

MADAME TALBOT. Un beau jour! C'est un beau jour, mon garçon! Des fenêtres hautes comme des *clochers! Des lits blancs comme des lys! C'est pas un séminaire; c'est un palais! (Elle respire un oreiller avec bonheur.) Ça sent le printemps en plein décembre! Un beau jour!*

MICHAUD. Vous vous êtes trompée de lit. Celui-ci, c'est le mien. Le sien, son lit à lui, c'est celui à côté du mien! Remettez l'oreiller à sa place! Frappez-le bien fort pour lui redonner du volume. Assurez-vous que les pointes sont bien droites. Terminez en passant votre main dessus pour effacer toutes traces de plis. Rangez ses effets personnels dans le chevet. Les petits objets dans le tiroir du haut, les plus gros dans celui du bas. Il ne faut jamais y mettre de nourriture. Jamais. L'idée que l'on puisse manger autre chose que leur avoine à bétail les rend furieux. Si vous manquez de place, y a un placard dans le corridor. Vous prendrez celui où y a pas encore de nom. Lever à cinq heures. Cinq minutes pour faire sa toilette. Ensuite, la messe matinale, les classes, les séances d'étude. Bienvenue.

Talbot enlève ses vêtements d'hiver. Il est vêtu en civil. Sa mère place le maigre contenu de la valise sur le lit.

MADAME TALBOT. Deux chemises blanches, toutes neuves, tout amidonnées.

MICHAUD. Deux chemises amidonnées.

MADAME TALBOT. Un pantalon gris en laine. Un gris en coton, tout neu.

MICHAUD. Un en laine. Un en coton.

MADAME TALBOT. Un blazer noir…

MICHAUD. Un blazer… (*Madame Talbot et Talbot le fixent.*) Costumes. Accessoires. J'aime prendre des notes. (*Madame Talbot s'assoit sur le lit.*) On ne s'assoit pas sur les lits.

TALBOT, *grave.* Restez assis, m'man.

MICHAUD. On ne s'assoit pas sur…

TALBOT. Restez assis !

MICHAUD, *abdiquant.* Je vous montrerai plus tard comment faire disparaître les plis sur les draps.

MADAME TALBOT. Des fois, j'sens pus pantoute ma cuisse. C'est à cause d'la pédale d'la machine.

TALBOT. Enlevez vos bottines pis donnez-moi vos pieds.

MADAME TALBOT. Mon Dieu, c'est Noël, trois semaines avant.

Madame Talbot retire ses bottines, et son fils lui masse les pieds. On entend un train siffler au loin.

MICHAUD. Ils ont dit un pullman. Dans la gazette, ils ont dit qu'elle avait un wagon juste pour elle. Un pullman. Un wagon tout argenté. *(Il regarde au loin avec ses jumelles.)* J'ai emprunté les jumelles du frère Casgrain ! Je lui ai dit que je voulais observer le mouvement des glaces sur le fleuve. Mensonge ! Je le confesserai.

MADAME TALBOT. À' shop, les femmes parlent juste d'elle. Même si les billets pour sa pièce sont chers comme des héritages, y paraît qu'y en reste pus un. L'arrivée de c't'actrice-là, c'est toute qu'un événement.

MICHAUD. C'est plus qu'un événement ! C'est une révolution ! Plus rien ne sera pareil. Sarah a choisi Québec et notre petite ville a le trac. Le trac, c'est ce vertige indomptable qui vous prend avant d'entrer en scène.

MADAME TALBOT. Y paraît qu'elle fait pas pantoute son âge. Faut dire qu'avec toutes les crèmes de France qu'elle se met dans' face, n'importe qui ferait pas son âge. Y paraît qu'y en font même à' moelle de veau, à c't'heure. Non! Le jour est pas arrivé oùsque j'vas me mettre du gras de beu dans' face juste pour avoir l'air plus jeune. J'préfère garder mes craques de face que de me les graisser avec du lard.

TALBOT, *à sa mère.* L'autre, m'man.

MADAME TALBOT. Pis j'vous parle pas de son rouge à lèvres. Faite avec du mou de baleine. Non, je préfère avoir les babines sèches plutôt que de me les beurrer avec du mou de baleine. Paraît qu'y faut pas que les jeunots s'en approchent. Paraît qu'elle les dévore des yeux.

MICHAUD. J'aurai toujours ma soutane comme armure!

MADAME TALBOT. Une femme comme ça, ça salive juste à l'idée d'avoir autant de boutons à déboutonner.

Au loin, sifflements et cloche du train qui entre en gare.

MICHAUD. C'est le pullman! Vous entendez? Il entre en gare! J'ai jamais vu un wagon aussi long. Y a plein de journalistes! Y a des banderoles! Des éclairs de poudre! Vous devriez voir! *(On entend une fanfare au loin.)* On dit que le poète Fréchette va lui réciter un mot de bienvenue. Vous entendez? Si j'étais là, sur le quai, je crierais avec eux: Sarah! Sarah! Muse d'Hugo! Sarah! Reine de Ruy Blas! Sarah! Égérie de Dumas! Toi! Toi! Aiglon de Rostand!! Toi, lumière dans nos ténèbres, abreuve-nous de ton esprit! C'est sûrement elle qui va descendre. *(Temps.)* Avez-vous déjà traversé l'océan, madame?

MADAME TALBOT. Chaque jour, monsieur. Y s'appelle « Épreuve ».

MICHAUD. Un jour, mon père, le ministre Michaud… Je suis le fils du ministre des Finances… Mon père, le ministre des Finances, nous a emmenés à Paris, ma mère et moi. Un après-midi, il m'a dit : « Va ! La Ville lumière t'appartient ! » Je me suis mis tout beau. J'ai hélé le plus beau des fiacres. Arrivé à destination, je suis entré dans un grand salon. Rouge rideau, rouge fauteuil, rouge tapis ! Partout du cristal. Non ! « Des morceaux d'étoiles. » Soudain, on a tamisé les lumières. Là, un grand silence. Là, elle est apparue. *(Ému.)* Là, juste devant moi. On était plusieurs, mais elle était là, juste pour moi. Mince comme un fil. Cheveux de feu. J'essayais d'avoir l'air d'un homme, j'étais un enfant. J'étais silencieux, je voulais crier. Mes yeux voulaient tout prendre, mes mains étaient pleines de larmes ! Quand Sarah joue, les mots ont des ailes, les émotions ont des racines. *(Tout en descendant dramatiquement l'échelle, il interprète assez bien les répliques de la comédienne.)* « La vie ! Vains efforts ! Vaines prières ! Je sens les forces et l'existence qui m'échappent ! Ne me quitte pas. Bientôt mes yeux ne te verront plus. Bientôt ma main ne pourra plus presser la tienne. Parle ! Parle encore ! » *(Il s'écroule et rampe au sol.)* « Au triomphe du théâtre, mon cœur ne battra plus de nos ardentes émotions. Rien ne survit à nous, rien que le souvenir. Adieu, mes amis. Adieu. » *(Il joue la mort. Silence.)* Vous avez aimé ? J'en ai pas trop fait quand je suis tombé ? Pour la mort ?

MADAME TALBOT. J'ai presque eu peur que ce soit vrai.

MICHAUD. Ç'a été quoi, votre moment préféré ? Si vous n'avez pas aimé, j'arriverai peut-être à comprendre.

MADAME TALBOT. La mort !

MICHAUD. J'ADORRRRE MOURRRRIR ! C'est une pièce formidable Elle va la jouer demain soir. C'est l'histoire d'Adrienne Lecouvreur, une jeune actrice abandonnée par son vieil amant. À la fin de la pièce, l'Église l'excommunie et elle meurt empoisonnée.

MADAME TALBOT, *sarcastique.* Par chance que j'ai pas les moyens de m'offrir un billet, j'aurais été déçue de savoir la fin.

MICHAUD. Elle vient d'arriver dans notre ville et moi je suis coincé ici !

TALBOT. Ta gare, elle pue le charbon. Elle empeste l'huile. Ta gare, elle sent la crotte de rat, la pisse des quêteux. Ta Sarah, elle a mal au cœur à cause du roulis du train. Elle a froid. On lui crie son nom à deux pouces du nez. On la bouscule. Elle est blême. Elle a juste envie de vomir, ta Sarah.

MICHAUD. Tu t'appelles comment ?

TALBOT. Talbot.

MICHAUD. Alors Talbot, tu as tort.

TALBOT. Elle vient pas ici pour faire la révolution. Elle vient ici pour faire de l'argent.

MICHAUD. Moi, c'est Michaud et je vais te convaincre du contraire.

TALBOT. Les acteurs se maquillent comme des cadavres. Ils grimacent leurs émotions. Ils pleurent par la bouche ! Ils nous font croire à leur richesse dans des décors de carton. La plus vieille des actrices joue l'aguichante. Le plus âgé se prétend le fils du plus jeune.

MICHAUD. Tu te trompes.

Pour lui c'est faux

TALBOT. Ils nous racontent à cinquante pieds de distance des horreurs sur la personne qui est assis à six pouces d'eux autres pis qui fait semblant de rien entendre. Ils se parlent tout seuls, ils se questionnent tout seuls; ils se répondent tout seuls! Y a des asiles pour ça. Le théâtre, c'est juste des histoires inventées pour faire pleurer les riches. Pis ça prend juste un fils de riche pour «adorrrrer mourrrrir».

MICHAUD. T'arrives d'où? Pourquoi t'emménages ici à la fin de la session scolaire? Et ta mère, qu'est-ce qu'elle fait dans le dortoir? Tu sais que c'est pas permis. Qu'est-ce que t'as fait pour mériter tout ça? C'est quoi, ta blessure au front? Une bagarre? C'est quoi la raison de cette bagarre? Pourquoi t'es amer? Ça, ce sont les questions que le public se pose depuis ton arrivée!

Léo, le jeune frère de Talbot, entre.

LÉO. J'ai jamais vu autant de portes de ma vie.

MICHAUD. Et lui? C'est qui?

LÉO. Léo!

MADAME TALBOT. Son p'tit frére.

Michaud salue Léo.

LÉO. Salut.

MADAME TALBOT. T'es en retard.

LÉO. J'me suis pardu dans' place.

MICHAUD. T'es pas à l'école?

LÉO. T'es qui, toé?

MADAME TALBOT. Léo!

MICHAUD. T'as quel âge?

17

LÉO. Douze!

Michaud prend des notes.

MADAME TALBOT, *coupant court.* T'es en retard.

LÉO, *à Talbot.* Me trouves-tu swell?

MADAME TALBOT, *à Michaud.* Y a un cousin qu'y a passé son suit.

LÉO, *fier.* Pas toué jours qu'on visite son frère au Grand Séminaire.

Léo cherche à s'asseoir.

MADAME TALBOT, *toujours assise.* On s'assit pas sué littes.

LÉO. J'suis content de te revoir, monsieur le curé.

TALBOT. Pas encore curé, Léo.

LÉO, *amorçant une blague.* Écoute celle-là! Une fois, c't'un quêteux qu'y arrive devant le Bon Dieu.

MADAME TALBOT, *à Michaud.* 'Est bonne. Vous allez l'aimer.

LÉO. Y demande au Bon Dieu: «C'est quoi pour vous l'éternité?» Le Bon Dieu y répond: «Pour moé, c'est juste une seconde.» «Dieu, c'est quoi pour vous avoir un million de millions de piastres?» «Ben, pour moé, c'est juste une piastre.» «Wow! Dieu, vous auriez pas une piastre à me donner?» Le Bon Dieu y répond: «Donne-moé juste une seconde.»

Ils rient.

MICHAUD, *sans enthousiasme.* Elle est bonne.

MADAME TALBOT, *à Léo.* Tu t'es pas lavé avant de mettre le suit?

LÉO. Pas eu le temps.

MADAME TALBOT. Pis tu t'es mouché avec ta manche? Maudit saignage de nez! Organise-toé pas pour qu'on soye obligés de te payer un docteur. J'te dis que vous faites la paire. Un qui saigne du nez pis l'aut' avec le front poqué. Par chance qu'y m'en reste quatre autres de pas trop maganés à' maison. Viens icitte.

LÉO. J'haïs ça me faire moucher.

Madame Talbot prend un mouchoir dans son sac et essuie le nez de Léo.

MADAME TALBOT. Depuis qu'y ont changé la colle pour les semelles à' shop, y saigne du nez.

LÉO. C'est pas à cause de la colle. C'est à cause du nouveau rouge!

MADAME TALBOT. La semaine passée, la p'tite Paquette avait le même mal avant qu'elle se fasse arracher la tête par la machine.

MICHAUD. La tête?

LÉO. Quand sa p'tite sœur a voulu l'aider, la strappe d'la tanneuse l'a attrapée à son tour. Elle aussi, par les cheveux, comme sa sœur.

MICHAUD. Par les cheveux?

LÉO. Elle a même pas eu le temps de crier.

MADAME TALBOT. Treize pis onze ans.

MICHAUD, *notant encore dans son cahier.* Wow! Treize et onze ans.

MADAME TALBOT. Faut mettre des fichus.

LÉO. Pis à cause d'elles, y a plusse de descentes à' shop. Hier, quand les inspecteurs sont partis, les plus vieux ont oublié de cogner les trois coups pour qu'on sorte de la cache. On a pourri cinq heures dans c'te trou qu'y empeste le rouge. *(Il frappe les trois coups de son pied.)* Trois coups su' l'plancher, pas dur à se souvenir. *(Fier, à son frère:)* Eille, le boss m'a promis une poffe de son cigare.

TALBOT. Chanceux!

LÉO, s*ortant de ses poches une somme d'argent et la remettant à Talbot.* C'est pour toé.

TALBOT. Doux Jésus. Y a une fortune là-dedans. Elle va être en or, ma nouvelle soutane. *(Il prend son frère dans ses bras.)* Toute ma gratitude, Léo.

LÉO. « Gratitude? »

TALBOT. Ça veut dire « merci ». Merci, Léo.

LÉO, *fier.* J'aime ça quand tu parles ben. Vous avez entendu, m'man? « Gratitude. »

Madame Talbot sort de son sac une paire de souliers pour homme emballée dans un linge.

MADAME TALBOT. Ça aussi, c'est pour toé.

TALBOT. 'Sont vraiment beaux!

LÉO. C'est moé qu'y a collé les semelles. Fouille dedans! Envoye, fouille!

TALBOT, *trouvant de l'argent coincé dans un des souliers.* Je sais pas quoi vous dire?

LÉO. « Gratitude? » Dis-y « gratitude! »

TALBOT. Gratitude, m'man.

Madame Talbot prend les mains de son fils.

MADAME TALBOT, *à Michaud.* Dans not' famille, on a jamais eu d'enfant avec des mains aussi blanches pis aussi propres. Du beau rose de belles mains roses propres. Des lignes de vie toutes ben creusées. J'sais pas les lire, mais j'suis sûre que c'est rempli de beau futur. C't'un beau jour.

TALBOT, *à sa mère.* Moi aussi, j'ai quelque chose pour vous.

MADAME TALBOT. C'est quoi l'honneur?

TALBOT. Tenez!

Talbot sort de son baluchon quelques cuillères, fourchettes, couteaux et ustensiles de service en argent enveloppés dans un linge. Madame Talbot et Léo sont inquiets devant ce trésor.

MADAME TALBOT. Doux Jésus, c'est quoi ça?

TALBOT. Un cadeau!

Temps.

LÉO, *désapprobateur.* C'est quoi ça?

MADAME TALBOT. D'oùsque ça t'vient?

TALBOT. Vous les aimez pas?

MADAME TALBOT. C'est pas ça…

LÉO. Elle t'a d'mandé d'oùsque ça t'venait?

TALBOT. Pas d'importance.

LÉO. Comment ça, « pas d'importance »?

TALBOT. Pas d'importance!

LÉO. Ça vient-y de ton ancien pensionnat?

TALBOT. Y me les ont donnés.

LÉO. Donnés? Tu veux-tu rire de nous autres? Sais-tu c'que ça vaut? J'aurais pas assez d'une année d'salaire pour acheter ça.

TALBOT. Y me les ont donnés !

LÉO. Ça va nous coûter la peau des fesses pour te garder icitte, pis tu veux nous faire accroire qu'y te donnent d'la coutellerie fancy en cadeau ?

TALBOT. Y me les ont donnés.

LÉO. Un prêtre, ça ment pas.

TALBOT. Êtes-vous contente ?

LÉO. Un prêtre, ça vole pas !

TALBOT, *agacé*. Êtes-vous contente ?

MADAME TALBOT. J'le sais pas trop.

LÉO. Pis un prêtre, ça se bat pas, non plus !

TALBOT, *retirant son pansement de son front*. C'était au hockey !

MICHAUD. Tu t'es battu ?

LÉO. Avec un prêtre.

MICHAUD. Tu t'es battu avec un prêtre ? Wow !

TALBOT, *à Léo*. Y est où, ton problème, Léo ? Y m'ont transféré ici ! La meilleure place au monde. Jack pot ! Je donne à notre mère le plus beau cadeau qu'elle aura jamais. Jack pot ! Y est où, ton problème ?

LÉO. Faut-y que je te rappelle pourquoi je me fends le cul à vingt cennes par jour dans une shop qui pue le poison ? À quoi tu penses que je pense quand je crisse d'la colle à journée longue su' des semelles ?

TALBOT. On sacre pas.

LÉO. D'la colle pis d'la colle su' des semelles, d'la colle su' des semelles, pis d'la colle, pis d'la colle…

À quoi tu penses que c'qu'y me reste de cerveau pas empoisonné pense ? J'pense au jour oùsque j'vas voir mon grand frére dans sa soutane ben neuve, couché à terre, le front au sol, les bras en croix jurer de dévouer sa vie, son âme pis son corps au Bon Dieu. J'pense au jour oùsque tout le monde va arrêter de r'garder not' mére comme une miséreuse pis qui vont la voir comme une sainte femme qu'y a donné son garçon à l'Église. J'pense aussi à moé parce qu'on va me donner une meilleure job parce que j'vas être le frére d'un curé.

TALBOT. Baisse le ton !

LÉO. Hier, j'ai passé cinq heures caché dans un crisse de trou à rats qui pue le rouge parce qu'y en a qui trouvent que j'suis trop jeune pour travailler !

TALBOT. On sacre pas !

LÉO. Tout ça pour toé ! Pour nous autres ! Pour qu'ensemble on se sorte d'la misére ! Si tu t'arranges pour scraper toute c'qu'on a faite pour toé, si tu te fais renvoyer d'icitte, tu seras pus jamais mon frére ! T'entends-tu ? Pis elle, a sera pus jamais ta mére.

MADAME TALBOT. Ça se dit pas !

LÉO. Dites-y, m'man !

MADAME TALBOT. Ça se dit pas, ça !

LÉO. DITES-Y !

MADAME TALBOT. Je dirai jamais ça !

Temps.

LÉO. Trouve-toé un moyen pour retourner ça oùsque tu l'as pris. J'm'en vas fumer dehors. J'vous attends, m'man.

Léo sort. Madame Talbot range l'argenterie dans son propre sac.

TALBOT. Allez-vous-en, vous aussi!

MADAME TALBOT. Écoute-le pas. Y est beau, ton cadeau.

TALBOT. Allez-y!

MADAME TALBOT. Soigne ton front.

TALBOT. Allez-y, bonyeu!

MADAME TALBOT. Je vous le confie, monsieur Michaud.

Madame Talbot sort. Silence.

MICHAUD. Tu l'as volée en une seule fois, ou morceau par morceau? T'as eu peur de te faire prendre? On dit que c'est une sorte de drogue, «la peur de se faire prendre». On dit que la respiration se contracte, les mains deviennent moites, le cœur accélère. Tu te dois de tout me dire pour l'argenterie! Va falloir aussi que tu me donnes tous les détails de ta bagarre. C'est vrai que lorsqu'on commence à frapper, on perd toute raison? C'est vrai qu'on est comme transporté par une folie, une sorte de folie enivrante? Et que plus on frappe, plus ça devient nécessaire? Plus on peut plus s'arrêter? On cogne, on cogne, on cogne. T'es sous ma supervision; tu dois tout me dire! T'es mon premier vrai voleur. Les autres, c'étaient juste dans des livres. Ici, on a juste des histoires ennuyeuses à raconter. On est juste des fils de riches qui prennent des visages catastrophés pour des riens. On a été surpris à plagier. Pire: il nous manque un caillou dans notre collection lapidaire! Avec toi, y a des vraies bagarres, y a des enfants qui meurent dans des usines.

Il me manquait « toi » ! Sombre, mystérieux. J'ai enfin un vrai personnage ! Je suis vraiment heureux que tu sois là.

Michaud veut lui donner une accolade. Talbot le pousse violemment au sol. Il se jette dessus et le menace de son poing.

TALBOT, *la rage entre les dents*. Tu veux savoir comment c'est quand on commence à cogner ? Tu veux vraiment le savoir ? Tu veux savoir c'est comment quand on arrive plus à s'arrêter ? Tu veux vraiment le savoir ? Tu veux que je te replace la face comme on replace un oreiller déplacé ? Tu veux que je te tape dessus pour te donner du volume ?

MICHAUD. Lâche-moi !

TALBOT. Tu me touches encore une fois… T'entends ?…

MICHAUD. Compris !

TALBOT. Encore une fois…

MICHAUD. Compris !

TALBOT. Tu mets tes pattes sur moi encore une fois pis je te fracasse le crâne comme un beu un jour de boucherie ! Compris ?

Michaud réussit à se dégager. Il s'éloigne de Talbot et se signe. Temps.

MICHAUD. « Heureux les pacifiques, puisqu'ils seront appelés "fils de Dieu". » Matthieu, chapitre cinq, verset neuf.

Temps.

TALBOT, *se calmant*. T'as couru après !

MICHAUD. « Ne rends à personne le mal pour le mal. »

TALBOT. T'avais juste à pas me toucher.

MICHAUD. « Recherche ce qui est bien devant tous les hommes et sois en paix avec chacun. » Lettre aux Romains.

TALBOT. Chapitre douze.

Le frère Casgrain, un élégant ecclésiastique, entre avec des soutanes et des surplis blancs en dentelles. Il reste en retrait.

MICHAUD, *impressionné.* C'était… ! Wow ! C'était puissant.

TALBOT. Ma famille se chie les tripes pour que je devienne curé. Pas docteur, pas avocat ! Curé ! La seule job possible pour un pauvre pour se sortir de la misère.

CASGRAIN, *sortant de l'ombre.* Monsieur Michaud !

MICHAUD, *cachant son cahier sous son matelas.* Mon frère !

CASGRAIN. Comment se portent les glaces sur le fleuve ? S'apparentent-elles à des mouvements de foule à l'arrivée d'une actrice célèbre ? *(Impératif.)* Redonnez-moi mes jumelles ! J'ai fait le vœu d'obéissance, pas celui de me faire prendre pour un imbécile. Fermez cette fenêtre ! On gèle ! *(Michaud va fermer les volets de la fenêtre.)* Vous auriez pu tomber. Un raccourci pour l'éternité. Mes jumelles ! *(À Talbot :)* Bienvenue, monsieur Talbot. Je suis le frère Casgrain. Je vois que vous avez fait la connaissance de monsieur Michaud.

TALBOT. On est déjà amis.

CASGRAIN. Il va vous familiariser avec notre établissement. Certaines personnes influentes croient que son esprit vif et serein, esprit que je qualifierais de turbulent et d'exalté, serait ce dont votre âme a besoin en ce moment. *(Il leur présente solennellement les soutanes.)* Son Excellence, notre archevêque, vous a choisis tous les deux pour servir sa messe du matin.

MICHAUD. Pourquoi lui?

CASGRAIN. Certains, dont mon humble personne, n'auront jamais cet honneur. Est-ce là de l'envie? Sûrement. Je le confesserai. Est-ce que j'éprouve un plaisir à énoncer cette envie? Sûrement. Je le confesserai également.

MICHAUD, *exalté, à Talbot.* Pour l'habillement de l'archevêque, on commence par l'aube. Ensuite, c'est la dalmatique et le pallium. Ensuite, la précieuse ceinture d'argent et l'étole d'or… ensuite la tunicelle, le manipule, la chasuble, la croix pectorale et la chape.

CASGRAIN. Il n'y a pas de vêtements d'apparat pour sa messe du matin.

MICHAUD. C'est ce que j'allais dire.

CASGRAIN. Monsieur Michaud?

MICHAUD. Mon frère!

CASGRAIN. Vous avez vraiment vu cette actrice descendre de son wagon?

MICHAUD. Un pullman! On dit un pullman, mon frère!

CASGRAIN. Vous pouvez me raconter chaque détail de son arrivée?

MICHAUD. Elle avait un sourire affable, une parole pour chacun.

CASGRAIN. Et ses expressions?

MICHAUD. Je peux vous refaire tous ses rictus. Et le poète Fréchette lui a récité un mot de bienvenue.

CASGRAIN. Je sais que vous aimez le théâtre parce que ce n'est pas votre vie.

MICHAUD, *estomaqué.* Vous avez lu ma préface?

CASGRAIN. … Mais nos vies ne sont peut-être pas aussi magiques que vous le souhaitez.

MICHAUD. Vous avez lu mon cahier?

CASGRAIN. … Et elles peuvent devenir un enfer si on n'en accepte pas la réalité. Vous n'avez rien vu de l'arrivée de cette actrice!

MICHAUD. Je peux vous la décrire mieux que tous ceux qui étaient sur le quai.

CASGRAIN. De cette fenêtre, un clocher obstrue totalement la vue sur la gare. Vous n'avez rien vu. Mes jumelles.

MICHAUD, *lui rendant les jumelles.* Tout ce que je donnerais pour la revoir.

CASGRAIN, *à Michaud.* J'ai pris la liberté d'informer notre archevêque de votre passion pour l'art dramatique.

MICHAUD. À l'archevêque?

CASGRAIN. Je lui ai parlé de votre aisance à la personnification, de votre imagination débordante…

MICHAUD. Pourquoi?

CASGRAIN. … De votre propension à rendre dramatique tout ce qui ne l'est pas…

MICHAUD. Et…?

CASGRAIN. Après la messe, vous allez vous rendre au théâtre.

MICHAUD, *incrédule.* Quoi?

CASGRAIN. Vous allez la rencontrer !

MICHAUD. Qui ?

CASGRAIN. Sarah Bernhardt !

MICHAUD, *faisant durer le plaisir.* Je vais la revoir ! Je vais… Moi ? Je… *(Il joue avec une émotion authentique un extrait d'*Adrienne Lecouvreur.*)* « Comme c'est dit. Comme c'est délicieux. Je deviens fou. Je ris. Je pleure. Je meurs de douleur et de joie ! »

CASGRAIN, *lui remettant une lettre.* Vous lui remettrez cette lettre en main propre.

MICHAUD. Une lettre ?

CASGRAIN. Vous devrez lui en faire lecture à voix haute.

MICHAUD. J'y mettrai tout mon talent !

CASGRAIN. Cette lettre lui interdit de mettre les pieds sur une scène dans notre ville.

MICHAUD, *sous le choc.* Interdire de jouer à la Divine ?

CASGRAIN. Ne souillez pas le nom du Créateur en attribuant à cette actrice le qualificatif suprême qui lui est réservé. « Grande prêtresse de l'impudeur », voilà le nom qui lui siérait mieux.

MICHAUD. Un peu long pour les salutations.

CASGRAIN. Silence ! Elle a fait son entrée dans notre ville sous les applaudissements de la foule dévoyée. La juive aux mœurs décadentes…

MICHAUD. Elle a été baptisée catholique. *(Casgrain tape Michaud derrière la tête.)* Aoutche ! C'est sa mère qui était juive. *(Une autre tape.)* Aoutche !

CASGRAIN. Elle va jouer une pièce qui fait l'éloge d'amours adultérines. *Adrienne Lecouvreur*! Une immondice qui dépeint un prêtre sous les traits d'un intrigant de salon.

MICHAUD. C'est l'effet comique de la pièce! *(Une autre tape.)* Aoutche!

CASGRAIN. Le théâtre rassemble sur les scènes tout ce que le monde a de plus éblouissant. À quoi ressemblerait-il si on y enlevait les parures qui enchantent?

MICHAUD, *ironique*. La ceinture d'argent, c'est avant ou après l'étole d'or? *(Casgrain tape Michaud derrière la tête.)* Aoutche! Lui dire de ne pas jouer, c'est dire à l'hiver de se priver de la neige, dire à la mer d'oublier le chant des vagues!

Casgrain remet la lettre à Michaud.

TALBOT, *à Michaud*. Comment tu vas faire pour lui dire je vous admire et pis je vous interdis de jouer en même temps? Qu'est-ce que tu vas faire quand elle va exploser de colère devant toi? Quand elle va te dire de plus jamais te présenter devant elle? Ça, c'est les questions que le public se pose en ce moment.

MICHAUD. JE VEUX MOURRRRRIR!

Cloche de chapelle. Casgrain tend une soutane à Talbot.

CASGRAIN. Talbot, allez vous préparer pour la messe!

TALBOT. Bien, mon frère.

Talbot prend la soutane et l'endosse en retrait.

CASGRAIN. Ne faites pas cette tête! Il n'a pas été facile de convaincre Son Excellence de vous choisir pour cette mission. Vous devriez me remercier. *(Temps.)*

C'est la seule façon pour vous de la revoir. Si vous n'y tenez pas, je peux charger un autre élève de le faire à votre place.

MICHAUD. Jamais. C'est ma mission !

CASGRAIN. Vous devrez vous en tenir au texte de l'interdit.

MICHAUD. J'irai tout de même de quelques courtoisies...

CASGRAIN. L'interdit ! Pas un mot de plus.

MICHAUD. J'en profiterai pour lui parler un peu de théâtre...

CASGRAIN. Pour lui dire que tout ceci est mal.

MICHAUD. ... Quelques mots sur ma nouvelle pièce.

CASGRAIN. Une nouvelle pièce ?

MICHAUD. Sur la misère !

CASGRAIN. Vous ?

MICHAUD. Et pourquoi pas ?

CASGRAIN. Vous êtes né dans la ouate.

MICHAUD. J'ai lu sur le sujet.

CASGRAIN. Vous n'avez jamais connu la faim !

MICHAUD. Je ferai jeûne.

CASGRAIN. Ni le froid !

MICHAUD. Je me départirai de mon manteau.

CASGRAIN. Songez plutôt à la prière.

MICHAUD. Je ne sais pas encore quel rôle lui donner, mais j'ai déjà une idée pour le héros masculin. Dans ses yeux, y a comme un voile. Non, une absence. Et puis soudain, sans qu'on s'y attende, une ombre noire passe dans son regard.

CASGRAIN. De qui parlez-vous?

MICHAUD. Il aime la bagarre. Son frère est trop jeune pour travailler dans une usine.

Casgrain saisit de qui il retourne.

CASGRAIN, *ferme.* Vous n'écrirez pas sur lui!

MICHAUD. Pourquoi?

CASGRAIN. Parce que vous n'écrirez pas sur lui! Familiarisez-le avec notre établissement, surveillez-le chaque seconde, mais ne vous attachez pas à lui.

MICHAUD. Pourquoi?

CASGRAIN. Parce que je vous l'ordonne.

MICHAUD. Pourquoi?

CASGRAIN. Il ne vous apportera que déception.

Talbot finit d'ajuster la soutane et le surplis.

MICHAUD. Talbot?

TALBOT. Quoi?

MICHAUD. Après la messe, tu viens avec moi.

CASGRAIN. Où?

MICHAUD. Rencontrer Sarah Bernhardt.

CASGRAIN. D'où vous vient cette idée?

MICHAUD. Ne me faut-il pas le surveiller à chaque seconde? Comment faire si nous ne sommes pas ensemble? Je ne peux pas être ici et partout à la fois.

CASGRAIN. Non!

TALBOT. J'aimerais la voir.

CASGRAIN. Pourquoi?

TALBOT, *insistant.* J'aimerais la voir.

Temps.

CASGRAIN, *étonnamment conciliant.* Si c'est ce que vous désirez, monsieur Talbot. Vous irez tous les deux rencontrer la Bernhardt.

MICHAUD, *à Talbot.* Ah, j'oubliais : je ne dois pas m'attacher à toi.

TALBOT. Parfait pour moi.

CASGRAIN, *à Michaud.* Allez vous préparer pour la messe. J'ai à parler à monsieur Talbot.

MICHAUD. Quoi? Une énigme et je dois quitter la scène?

CASGRAIN. Allez vous préparer !

Michaud prend l'autre soutane des mains de Casgrain et s'éloigne quelque peu.

TALBOT. Grand Séminaire! Messe de l'archevêque! Fils d'un ministre! Sarah Bernhardt! Toute ma gratitude, mon frère.

CASGRAIN. Si vous avez besoin de quoi que ce soit d'autre, vous n'avez qu'à le demander. *(Temps.)* Les travaux les plus abrutissants, les traitements les plus injustes, quatorze heures par jour, six jours par semaine ; je sais tous les sacrifices qu'accomplit votre jeune frère pour faire de vous un homme de Dieu. Sa place est dans une école. *(Temps.)* Nous pensons couvrir vos frais jusqu'à votre sacerdoce. *(Temps.)* Comprenez-vous l'importance du témoignage que vous donnerez à la police? *(Silence.)* Si votre histoire, telle que vous l'avez racontée à notre supérieur, devenait publique, cela pourrait en inciter d'autres à parler. Une chaîne de dénonciations propre aux hystéries collectives pourrait s'ensuivre. La Bernhardt a attiré tant de journalistes étrangers que je n'ose m'imaginer les dommages que pourrait provoquer votre récit s'il tombait entre leurs crocs. Nous contrôlons la presse d'ici, mais pas celle d'ailleurs. *(Tranchant.)* Vous vous devez de changer votre version des faits.

TALBOT. Dieu nous demande de dire la vérité.

CASGRAIN. Dieu travaille à bâtir Sa maison, pas à la détruire.

TALBOT. Faut que je me prépare pour la messe.

CASGRAIN. La nuit dernière, nous l'avons transféré ici. *(Temps.)* Il est ici. Un étage plus bas. Dans notre infirmerie. *(Temps.)* Vous savez qu'il ne marchera plus jamais? *(Temps.)* Dès qu'il a repris connaissance, il nous a dit qu'il vous pardonnait. Votre pensionnat s'est plaint d'un vol d'argenterie qui coïncide avec votre départ. Que ce soit vous ou quelqu'un d'autre, vous allez vous en rendre coupable. Je vais me rendre au chevet de votre victime. Je vais le convaincre d'inventer qu'il vous a surpris en train de voler cette argenterie et qu'une bagarre s'en est suivie. Je sais qu'il va m'écouter. J'ai fait mes études sous sa direction. C'est un homme honorable.

TALBOT. Honorable?

CASGRAIN. Et je le redirais publiquement si on me le demandait. L'incident ne sera qu'un fait divers. Nous accepterons vos excuses et vous ne recevrez qu'une punition mineure. Il est de votre devoir…

Cloche du séminaire.

TALBOT, *lui présentant ses mains.* Regardez les lignes de mes mains. Savez-vous les lire ? C'est avec ces mains-là que je vais bénir, que je vais pardonner, que je vais maudire. Regardez ces lignes, mon frère. La vérité doit s'y trouver.

CASGRAIN. Il est de votre devoir…

TALBOT. J'vais être en retard pour la messe.

CASGRAIN. Il y a sur les bords du fleuve, près de Québec, de nouvelles paroisses qui auront bientôt besoin de jeunes vicaires. Il y aura là un bel avenir pour vous et pour votre famille.

TALBOT, *s'approchant avec nonchalance du visage de Casgrain.* J'aimerais avoir une orange aussi !

CASGRAIN. Une orange ?

TALBOT. Oui. On dit dans les rues qu'elles sont arrivées aujourd'hui du Sud. Une belle grosse orange du Sud.

Cloche.

CASGRAIN. Il est de votre devoir d'oublier.

Michaud entre et prend son cahier sous son matelas.

MICHAUD, *répétant.* Madame Bernhardt ! Non. Madame Bernhardt ! Vous ? Moi ? Je suis votre plus fidèle admirateur ! Je sais tout de vous ! Non. Vous ? Moi ?

CASGRAIN. Michaud, la messe !

2. LE CIGARE

Les ouvrières entrent dans le dortoir et le transforment en atelier d'usine. Les lits deviennent des tables remplies de chaussures, des machines et des courroies apparaissent dans le cadre des fenêtres. Madame Talbot et d'autres femmes s'affairent à coudre des bottes rouges pour femme. Léo colle des semelles. Par les fenêtres, les ombres de dizaines de travailleuses alignées. Des roues et des courroies tournent à grande vitesse. Le bruit est assourdissant. Ils travaillent à la cadence des Ave Maria, *récités en latin, sans ferveur et à grande vitesse. Les travailleuses intercalent leurs répliques dans cette litanie.*

EMMA FRANCŒUR. On manque de fil!

LÉO. Du fil!

THÉRÈSE DESNOYERS. Prenez une de mes bobines!

MADAME TALBOT. Me faut d'l'huile à pédales.

LÉO. On manque d'huile.

THÉRÈSE DESNOYERS. Prenez la mienne.

MADAME TALBOT. Quoi?

LÉO. Prenez la sienne!

THÉRÈSE DESNOYERS. Fil noir!

EMMA FRANCŒUR. Quel noir?

THÉRÈSE DESNOYERS. 366. Médium.

EMMA FRANCŒUR. Quoi?

LÉO. 366. Médium.

EMMA FRANCŒUR. J'en ai pas.

MADAME TALBOT. J'en ai pas non plus.

LÉO. On a pus de 366 !

THÉRÈSE DESNOYERS. Du 102 va faire l'affaire.

LÉO. J'en vois pas, non plus. M'man?

MADAME TALBOT. J'en ai pas.

THÉRÈSE DESNOYERS. Paraît que c'est une belle femme.

EMMA FRANCŒUR. Qui ça?

THÉRÈSE DESNOYERS. La Bârnhârdt.

MADAME TALBOT. Trop de plumes !

THÉRÈSE DESNOYERS. Quoi?

MADAME TALBOT. Trop de fourrures.

THÉRÈSE DESNOYERS. Quoi?

MADAME TALBOT. Trop de bijoux !

EMMA FRANCŒUR. Quoi?

THÉRÈSE DESNOYERS. Y paraît qu'elle fait beaucoup plus jeune que son âge.

MADAME TALBOT. Du gras de beu !

THÉRÈSE DESNOYERS. Quoi?

MADAME TALBOT. Le suif qu'elle se met dans' face.

EMMA FRANCŒUR. Du quoi?

LÉO. Du suif !

EMMA FRANCŒUR. Dans' face ?

THÉRÈSE DESNOYERS, *à madame Talbot*. Comment vous savez ça ?

MADAME TALBOT. C'était dans' gazette !

LÉO. J'vas aller chercher du 366.

EMMA FRANCŒUR. T'es ben smatte, Léo.

Léo sort.

THÉRÈSE DESNOYERS. Est-y mariée ?

MADAME TALBOT. Ça se marie pas ces femmes-là. Ça couche, c'est toute.

EMMA FRANCŒUR. Tiens, la veuve à Talbot qui parle des hommes.

MADAME TALBOT. Quoi ?

EMMA FRANCŒUR. Êtes-vous jalouse d'elle ?

MADAME TALBOT. Dites-moé donc quel homme voudrait d'une femme qui en embrasse d'autres devant tout le monde ?

EMMA FRANCŒUR. Surtout avec du « gras de beu » dans' face !

Les femmes rient, sauf madame Talbot. Le sifflet de la pause se fait entendre. Elles cessent de prier. Le vacarme fait place au silence.

MADAME TALBOT. Pour une femme qui vient de pardre ses deux nièces, j'vous trouve bien légerte, madame Francœur. À vot' place, j'me comporterais avec un peu plus d'endeuillement.

EMMA FRANCŒUR. Pouvez-vous répéter ce que vous venez de dire ?

MADAME TALBOT. M'est connaissance qu'on vous a vue à une des réunions des Chevaliers du travail?

EMMA FRANCŒUR, *fière.* Plusse qu'une, madame Talbot. J'y vas à chaque jour depuis l'accident. Chaque jour.

MADAME TALBOT. Si vous avez les moyens de vous faire jeter dehors, moé pas. J'ai un garçon au Grand Séminaire.

EMMA FRANCŒUR. On commence à l'savoir que vot' garçon est au Grand Séminaire. Parsonne comprend comment c'qu'y a faite pour aboutir là pis comment vous allez faire pour le garder là, mais on sait toutes que vous aurez pas de scrupules à faire rentrer icitte vos quatre plus jeunes.

MADAME TALBOT. Je vous défends.

EMMA FRANCŒUR. Vous voulez qu'on parle d'endeuillement, madame Talbot? C'est moé qui a rapporté les cadavres des deux p'tites à mon frére pis à sa femme. Y en avait une qui avait plus de tête. Avez-vous déjà vu ça une p'tite fille avec une guenille à' place d'la tête? Hein? Avez-vous déjà vu ça? *(Temps.)* Avez-vous pensé que la tête est encore à queque part dans' machine? Vous voulez qu'on parle d'endeuillement, madame Talbot? *(Temps.)* Je le sais qu'on peut pas arrêter la misére, mais on est pas obligé de la nourrir avec d'la chair d'enfant.

MADAME TALBOT. Si vous leu-z-aviez acheté des fichus, la machine les aurait pas attrapées.

THÉRÈSE DESNOYERS. Sacrament!

MADAME TALBOT. On sacre pas, madame Desnoyers!

THÉRÈSE DESNOYERS. Après toute c'qu'elle a faite pour vous?

39

EMMA FRANCŒUR, *à Thérèse.* Mêlez-vous de vos affaires.

THÉRÈSE DESNOYERS. Toute l'argent qu'elle vous a prêté pour les études de vot' garçon? Vous devriez y être reconnaissante!

MADAME TALBOT. C'est pas parce qu'on doit à son usurier qu'y faut danser avec.

Le patron de l'usine entre, vêtu d'un habit de soirée aux manches trop longues et d'un pantalon aux revers repliés.

LE PATRON, *les bras en croix.* Le meilleur tailleur en ville! « Queue-de-pie, tissage en laine pis en coton avec des pans satinés! » Y a tellement de tissu qu'on pourrait habiller le reste de ma famille. Ma femme m'a dit que ça me prenait un habit tout neu pour aller voir la Notre-Dame des planches! Voulez-vous ben me dire, baptême, à quoi ça sert de se mettre su' not' trente-six pour passer not' veillée dans une salle oùqu'y fait noir comme dans l'cul du yable? *(Il s'allume un cigare.)* Restez pas là à rien faire. V'nez m'arranger ça.

LÉO, *revenant avec deux grosses bobines de fil.* J'ai trouvé du 366!

MADAME TALBOT. On a rien que du gros fil, boss.

LE PATRON. Arrangez-moé ça.

Madame Talbot et Thérèse prennent fil et aiguilles et s'affairent à ajuster les manches du patron.

LÉO. Une fois, c'est deux cultivateurs qui s'ostinent dans un champ. Le premier dit à l'autre: « Mon épouvantail fait tellement peur aux oiseaux que quand y le voyent, y disparaissent tu-suite à des milles plus loin. » L'autre y répond: « Le mien fait tellement,

tellement peur aux oiseaux qu'y ramènent les graines qu'y ont volées l'an passé…» *(On rit.)* Mais vous, y a même pas une corneille qui va vouloir s'approcher de vous.

MADAME TALBOT. Excuse-toé!

LE PATRON, *riant.* Y a pas tort. J'ai d'l'air du Bonhomme Sept Heures. C'est ma femme qui me traîne au théâtre. Nous autres, les hommes, on dirait qu'on est pas faites pour ça.

THÉRÈSE DESNOYERS. Faites pour quoi?

LE PATRON. L'ennui! *(Il s'allume un cigare.)* Les femmes eux autres y aiment ça quand ça parle. Les femmes aiment ça parler. Pis y parlent. Pis y parlent. Des mots, des phrases. Y arrêtent pas de parler. Toujours queque chose à dire. Une petite phrase, une après l'autre pis, une autre après l'autre. Pis quand on pense que c'est fini, y recommencent. Une autre phrase, une après l'autre. Au moins si c'était intéressant. Non! Pis y parlent, y se contredisent, y s'répètent, y s'répètent.

LÉO. M'aviez pas promis une poffe, boss?

MADAME TALBOT. Léo!

LE PATRON. Une promesse, c't'une promesse.

Le patron passe son cigare à Léo, qui en prend une touche sans s'étouffer.

LÉO. Gratitude, boss.

LE PATRON. Gratitude?

LÉO. Vous savez pas c'que ça veut dire?

MADAME TALBOT. Léo!

LÉO. Sortez un peu. Ça veut dire marci.

THÉRÈSE DESNOYERS. R'gardez-moé le p'tit boss.

LE PATRON, *à Léo*. Si t'étais à ma place, que c'est que tu ferais avec ma shop ?

LÉO. J'commencerais par donner cinq cennes de plus par paire de bottes. J'enlèverais cinq heures d'ouvrage par semaine. J'organiserais des bécosses qui ont de l'allure. *(Frondeur.)* Pis j'installerais des grosses grilles devant les strappes pour que pus personne se fasse pogner dedans.

Les femmes se figent. Le temps est suspendu. On craint pour Léo.

LE PATRON. Moé, à ta place, j'installerais une *stitching room* avec une *skiving machine* qui coupe le cuir du dessus des suyers pis les doublures d'en d'dans. Une machine qui remplacerait quarante coupeuses. J'achèterais une *heavy rolling machine*. Vingt marteleurs de moins. Pis une *making room* des machines pour les talons, les œillets, la colle pis le vernis, pis ça prendrait juste une poignée de travailleurs pour faire marcher toute la shop ; une dizaine au lieu de deux cents. Pis y aurait pas une maudite machine qui penserait à se syndiquer pis à se mettre en grève.

LÉO. Ouais, mais y a pas une machine qui est capable de lancer des roches au boss, de revirer son carrosse de bord, de sacrer le feu à sa maison comme des dizaines d'ouvrières en maudit sont capables de le faire.

Lourd silence.

MADAME TALBOT. R'donnez-y son cigare !

LE PATRON, *reprenant son cigare*. Qui c'est qui t'a appris à parler d'même ?

LÉO. Parsonne.

LE PATRON. C'est-y ta mére?

LÉO. Elle a rien à voir là-dedans.

LE PATRON. C'est pas ta mére?

EMMA FRANCŒUR. C'est pas elle. *(Temps.)* C'est moé qui y a parlé de ça.

MADAME TALBOT, *à Emma.* Qui vous a donné le droit d'y mettre des idées comme ça dans' tête?

LE PATRON, *à Emma.* Que c'est que vous attendez pour v'nir aider les autres? *(Emma Francœur va vers le patron, qui lui indique le bas de son pantalon. Elle ajuste les ourlets.)* J'ai faite livrer une belle paire de bottes à la Bârnhârdt. J'espère qu'elle va les aimer. Sa visite, c'est une belle publicité pour la ville. Le monde a les yeux su' nous autres. Des belles opportunités de commerce. *(Il coince la main d'Emma Francœur sous son pied. Malgré la douleur, elle ne dit rien. Les deux autres femmes font semblant d'ignorer la situation.)* Des belles bottes à vingt œillets, avec des beaux lacets en soie. Du cuir de veau. Un talon ben dur en chêne. Ça serait ben dommage si des troubleux de paix venaient déranger un si bel événement.

LÉO. Vous y faites mal!

MADAME TALBOT, *en sourdine.* Pour l'amour du Christ, tais-toé!

LE PATRON. Les manches sont belles. Pour les ourlets du bas, j'm'en vas me trouver quequ'un d'autre.

Le patron libère la main d'Emma Francœur et sort. Silence.

LÉO, *à Emma Francœur.* Êtes-vous correcte?

MADAME TALBOT, *sortant de son sac quelques pièces de coutellerie.* Une louche, une pelle à tarte, une fourchette à dépecer… C'est du vrai argent.

LÉO. Vous les avez gardés?

EMMA FRANCŒUR. Ça vient d'où?

MADAME TALBOT. Allez voir les receleurs de la rue Saint-Paul; y vont vous en donner plusse que ce que je vous dois.

LÉO. Vous aviez pas d'affaire à les garder.

Emma prend les ustensiles et les met dans son tablier.

MADAME TALBOT. Considérez ma dette comme payée, pis vous vous approchez pus jamais de mon garçon.

THÉRÈSE DESNOYERS, *à Emma.* V'nez, on va s'occuper de vot' main.

Emma et Thérèse sortent.

MADAME TALBOT, *à Léo.* Pis toé, tu y parles pus jamais.

LÉO. Comment on va faire à c't'heure pour les r'tourner?

MADAME TALBOT. Mange!

LÉO. Pas faim.

Madame Talbot compte les morceaux restants de l'argenterie. Léo la dévisage. Elle referme le sac d'argenterie. Talbot entre.

LÉO. Que c'est que tu fais icitte?

MADAME TALBOT. T'es-tu sauvé du séminaire?

LÉO. C'est pas une place pour les soutanes!

TALBOT. Michaud pis moi, on s'en va lire une lettre à Sarah Bernhardt!

MADAME TALBOT. C'est pas icitte que vous allez la trouver.

LÉO, *ironique.* T'es-t'y revenu charcher ta coutellerie?

TALBOT. On s'en va y lire une lettre qui lui dit de pas jouer à Québec.

MADAME TALBOT. J'la connais pas personnellement, mais j'pense pas qu'elle va être contente.

LÉO. J't'ai posé une question!

TALBOT, *ignorant Léo.* On peut pas la voir tu-suite. Son manager nous a dit dans une heure.

LÉO. M'man, allez-vous y redonner le reste d'la coutellerie?

TALBOT. Tantôt j'ai servi la messe de l'archevêque.

MADAME TALBOT, *impressionnée.* De l'archevêque?

TALBOT. Longue. Ennuyante.

LÉO. J'te dis que vous faites vraiment une belle paire.

Léo sort.

TALBOT. J'voulais vous parler de quelque chose, m'man.

MICHAUD, *entre, cahier en main, enthousiaste.* Tout ce fil! Tout ce cuir! Et cette odeur! C'est donc d'ici que proviennent les chaussures. Il me faudra tout un nouveau vocabulaire pour tout décrire. J'ai toujours cru que la saleté des travailleurs venait du fait qu'ils travaillaient si fort qu'ils n'avaient pas de temps à consacrer à leur hygiène. Ma mère, de son côté, m'a toujours fait croire que c'était parce que les travailleurs n'avaient pas d'éducation hygiénique. Mais là, je comprends que c'est le travail qui salit le travailleur! C'est le travail qui salit!

MADAME TALBOT. Elle va bien?

MICHAUD, *interrompu dans son élan.* Qui?

MADAME TALBOT. Vot' mére!

MICHAUD. Mes parents sont à Londres.

MADAME TALBOT. Vos sœurs? Vos fréres?

MICHAUD. Vous avez raison. Je parle trop. Je n'entre pas assez en relation. Je ne m'applique pas assez à ressentir les choses.

TALBOT, *exaspéré, pour lui-même.* Jésus!

MADAME TALBOT. Voulez-vous du thé?

MICHAUD. Du thé! C'est merveilleux. Je suis là au cœur de l'indigence et il y reste, vivant, ce sens du partage!

MADAME TALBOT. Vous en voulez ou pas?

MICHAUD. Oui. Oui. *(Madame Talbot lui présentant deux pots en verre.)* Nous allons boire du thé dans des pots de verre? Wow! Personne ne va me croire dans le dortoir.

MADAME TALBOT. On a déjà eu des vraies tasses en porcelaine. Mais les vraies tasses en porcelaine, ça se casse, pis quand ça se casse, ben, faut les remplacer pis…

Avec un linge tout propre sorti de son tablier, elle essuie le pot de verre.

MICHAUD. Vous ne crachez pas dedans?

MADAME TALBOT. Pourquoi faire?

MICHAUD. Pour les nettoyer? *(Il constate l'étonnement de madame Talbot.)* C'est ce que les pauvres font, non?

Ils crachent dedans? Enfin, chez Mark Twain, chez Dickens. *(Temps.)* Ce sont des auteurs.

MADAME TALBOT, *versant le thé.* C'est de valeur que les pauvres savent pas lire, y pourraient s'défendre.

MICHAUD, *prenant une gorgée et souriant malgré lui.* Il est vraiment froid.

MADAME TALBOT. Y a juste ceuzes-là qu'y ont rien à faire qu'y boivent leu thé chaud.

MICHAUD. À l'étage plus bas, j'ai entendu des ouvriers prier. Vous travaillez toujours en priant?

MADAME TALBOT. C'est pour le rythme. Ça donne d'la cadence au groupe.

TALBOT, *à sa mère.* Y pensent me donner une mission dans une paroisse sur les bords du fleuve.

MADAME TALBOT. C'est un beau jour!

TALBOT. J'pourrais y installer toute la famille.

MADAME TALBOT. Tu me fais de la joie, mon garçon.

MICHAUD. Vous allez devoir m'aider pour les noms de chaque outil.

TALBOT. J'ai pensé aussi que je pourrais faire du commerce.

MADAME TALBOT. Un prêtre ça fait pas de commerce.

MICHAUD. Je connais pas de prêtres qui font du commerce.

TALBOT. On pourrait essayer de se partir une p'tite cordonnerie?

MADAME TALBOT. J'arrive pas à te suivre, mon garçon.

MICHAUD. Moi non plus.

TALBOT. Michaud, ça te tenterait pas d'essayer de ressentir en te mêlant de tes affaires? *(À sa mère:)* Si c'est pas une cordonnerie, ce pourrait être aut' chose.

MADAME TALBOT. Arrête de douter, pour l'amour. Tu manges trois repas, ton linge est propre, tu dors au chaud, que c'est que tu veux de plusse? Dans l'aut' pensionnat, un jour t'aimais ton supérieur, un aut' jour tu l'aimais pus. Un jour tu disais vouloir y rester tout le temps, un aut' jour tu suppliais pour qu'on t'en sorte. Je le sais que c'est une grosse affaire, faire son sacerdoce, mais prie, bonyeu. Prie! Y doivent ben avoir une priére contre les doutes.

TALBOT. M'man, j'pense pas que c'est ma place…

MADAME TALBOT, *giflant son fils.* Eille!

MICHAUD, *sous le choc.* Oh!

MADAME TALBOT, *la main toujours prête à frapper.* Si prier le ciel, c'est pas suffisant, tu reviendras me voir. *(Elle menace à nouveau Talbot de sa main.)* J'en ai d'autres. *(Elle ramasse avec fracas le service à thé.)* Le break va finir. Vous avez pus d'affaire icitte. Allez voir vot' actrice.

Elle sort. Talbot est figé. Michaud pose sa main sur son épaule. D'un mouvement, Talbot se dégage.

MICHAUD. Victor Hugo nous enseigne que l'oppression sociale peut pousser aux pires des méfaits. Ta mère est sûrement victime d'une grande pression sociale. Elle n'est pas responsable de son geste. Je crois même que ce n'est pas toi qui étais vraiment visé… Oui, d'accord, c'est toi qui as régalé, mais… c'est certainement dû à un ensemble de choses que *théâtrale*

je vais devoir fouiller. Elle a manqué d'arguments, et vlan ! Je veux pas dire que c'était formidable, mais ç'a vraiment été spectaculaire. *bon dans un show*

TALBOT. Tu peux pas te taire ?

MICHAUD. Tu veux qu'on trouve de la glace ?

Sirène annonçant la fin de la pause. Ils sortent.

mme Talbot : hypocrite

Michaud = conscience mais distance par rapport à la réalité

3. UNE PIÈCE POUR SARAH

Le dortoir devient la loge d'un théâtre. Sarah Bernhardt apparaît dans un faisceau de lumière. Meyer, son imprésario, et Madeleine, une jeune actrice, l'aident à choisir des bottes.

MADELEINE. Les bottines Worth de Londres?

MEYER. Non.

MADELEINE. Les Lady Duff Gordon?

MEYER. Non.

SARAH BERNHARDT, *un manuscrit en main.* Et voici que mon personnage n'apparaît qu'au troisième acte! Le public est venu pour me voir, moi! Et voilà que j'entre, tel un notaire, au beau milieu de la pièce, telle une soubrette égarée dans le récit. *(Brandissant le texte.)* Et que fais-je depuis le début de la représentation? Dites-moi? Je faisande en loge? Je me remaquille jusqu'à l'embaumement? L'auteur dit: « Tout comme Tartuffe, on ne parle que de son personnage depuis le début. » Encore faut-il savoir que les acteurs excellent dans le rôle de Tartuffe parce qu'ils traînent une exaspération profonde d'avoir attendu si longtemps leur entrée en scène.

MADELEINE. Les escarpins François Pinet?

MEYER. Non.

SARAH BERNHARDT. Meyer?

MEYER. Oui, ma chère.

SARAH BERNHARDT. Câble à Paris que je ne jouerai pas cette pièce.

MEYER. Comme tu veux.

SARAH BERNHARDT. Des ours! Des montagnes d'ours! Partout des ours! Tout autour de la gare, des collines de poil qui criaient mon nom! Je n'ai jamais vu autant de barbes et de fourrures. Des mamans ourses! Des papas ours! Et la femme ourse du maire ours s'est approchée avec un bouquet de fleurs rares.

MADELEINE. C'était quoi, ces fleurs?

SARAH BERNHARDT. Je ne sais pas, mais toute fleur qui résiste à un tel froid a le mérite de porter le nom de fleur rare. Vous y comprenez quelque chose lorsqu'ils parlent? Leurs phrases s'acoquinent avec d'étranges conjonctions, et leurs verbes sont orphelins de pronoms. Ils grommellent les consonnes et dévorent les voyelles. «Lundzi! Mardzi! Mercredzi!» Ils ajoutent des «z» à tous les jours de la semaine et cette dysfonction ne prend pas congé le «dzimanche»! Et que dire de mon nom; on le massacre de «a» si lourds que l'édifice s'effondre lorsqu'ils le prononcent; Sârâh Bârnhârdt!

MADELEINE. Accordons-leur le mérite d'être touchants.

SARAH BERNHARDT. Oui, quand on finit par trouver leur sourire édenté au milieu de leur pilosité! Combien de jours serons-nous ici?

MEYER. Trois.

SARAH BERNHARDT. C'est peu pour recréer le monde! Dieu en a eu sept. *(Elle joue spontanément.)* « La vie! Vains efforts! Vaines prières! Ne me quitte pas. Bientôt mes yeux ne te verront plus… bientôt ma main ne pourra plus presser la tienne. Parle encore! »

Temps.

MADELEINE. Il y a deux « Parle encore! »

SARAH BERNHARDT. Je prenais une respiration avant le deuxième.

MADELEINE. À Boston, vous l'avez prise si longue, cette respiration, que le rideau est tombé.

SARAH BERNHARDT. C'est qu'on a enterré le deuxième « Parle encore! » sous les applaudissements du premier.

MADELEINE. Je vais prendre l'air.

Elle sort.

SARAH BERNHARDT. Quelle mouche l'a piquée?

MEYER. La troupe est fatiguée, Sarah.

SARAH BERNHARDT. Toujours pas de remplaçant pour Sansas?

MEYER. Non. Il fait trente-neuf de fièvre.

SARAH BERNHARDT. Qu'on demande à Belford.

MEYER. Belford déteste ce rôle! Qui a envie de jouer un curé libidineux, grotesque dans son lard et qui fait honte à toute la chrétienté?

SARAH BERNHARDT. Le public l'adore!

MEYER. M'est venue l'idée d'auditionner quelques acteurs locaux.

SARAH BERNHARDT. Oui, des locaux ! Ce sera « dzivertissant » ! *(Meyer lui présente une paire de bottillons rouges.)* Ces bottes sont magnifiques. Il est rare, ce rouge !

MEYER. Un riche fabricant de la ville a tenu à te faire ses hommages. Tu lui écriras un mot de remerciement. Le maire de la ville tient à te faire visiter les anciennes fortifications.

SARAH BERNHARDT, *morose, soupirante.* Cette obstination qu'on a à me faire visiter les pierres de chaque ville où nous descendons. Entrer dans ces lieux froids pendant qu'on m'explique quelque interminable histoire ; entendre admirer la restauration de cette aile alors que j'eusse préféré qu'on la laissât s'écrouler. *(Elle s'allonge.)* Je suis lasse, Meyer ! Lasse de promener mon répertoire de ville en ville tel un magicien promenant ses trucs de foire en foire.

SARAH BERNHARDT ET MEYER, *lui à voix basse.* Lasse de dire les mêmes phrases sur le même ton. Lasse de faire de mon art une routine ! Pire, une boutique !

MEYER, *faussement réconfortant.* Tu exagères.

SARAH BERNHARDT. J'en suis à changer les bottines de mes personnages pour raviver mon intérêt à leur endroit.

MEYER. Qu'est-ce qui t'arrive ?

SARAH BERNHARDT. Plus un seul auteur sérieux n'écrit pour moi !

MEYER. Toute l'Académie est à tes pieds.

SARAH BERNHARDT. Oui, pour que j'apparaisse au troisième acte ?

MEYER. Mais non.

SARAH BERNHARDT. Pour la réclame que je peux apporter?

MEYER. Tu exagères.

SARAH BERNHARDT. On ne me désire plus.

MEYER. Les places des salles sont vendues avant même que le programme ne soit connu.

SARAH BERNHARDT. Et tout comme à Toronto, elles se vident à l'entracte dès que le public a vu le phénomène Bernhardt. Je te parle d'un vrai désir.

MEYER. Bien sûr.

SARAH BERNHARDT. Je veux être porteuse d'idées nouvelles. Je veux être encore la voix de la nécessité!

MEYER. Je comprends, mais pour l'instant…

SARAH BERNHARDT. Le théâtre se renouvelle, et moi, je fais du surplace.

MEYER. … pour l'instant.

SARAH BERNHARDT. J'ai besoin d'un défi.

MEYER, *lui présentant une feuille.* Commence par écrire un mot de remerciement à ce fabricant de bottes. Juste un mot. Pour le reste, on verra.

Meyer sort.

SARAH BERNHARDT. Comment se nomme-t-il? *(Elle cherche une carte, une adresse sur la boîte.)* Monsieur le commerçant de chaussures? Cher monsieur le commerçant de chaussures! Personne ne se nomme ici? Monsieur le maire! Monsieur le ministre! Je n'ai pas encore rencontré quelqu'un en cette ville qui porte un nom!

Michaud émerge de l'ombre et fait son entrée avec Talbot. Ils sont toujours en soutane.

MICHAUD. Michaud, madame. Je m'appelle Michaud et je tremble. Vous ? Moi ?…

SARAH BERNHARDT. Approchez, monsieur Michaud.

MICHAUD. Elle a dit mon nom ! *(À Talbot :)* T'as entendu ? Elle a dit : « Approchez, Michaud ! » *(À Sarah :)* Je suis votre plus grand admirateur. Je sais tout de vous. Je sais que vous dormez dans un cercueil en bois de poirier et de rose, tout capitonné de satin blanc, tapissé de lettres d'amour et de bouquets fanés. Je sais que vous vous êtes fait photographier dedans pour faire croire au monde entier que vous étiez morte. Juste pour savoir si on vous aimait vraiment ! Vous êtes formidable !

SARAH BERNHARDT. Je sais ! *(Temps.)* Nous savons !

MICHAUD. Je sais aussi que vous avez le projet de vous faire greffer une queue de tigre.

SARAH BERNHARDT. Cette queue me permettrait de lever mes jupes par l'arrière quand je monte un escalier. Mais la greffe s'avère très compliquée.

MICHAUD. Vous êtes si… si multiple.

SARAH BERNHARDT. Un jour, mon confesseur m'a demandé de faire le vide, de me retirer en moi-même. Je lui ai répondu : « Impossible ! Il n'y a plus de place ! »

MICHAUD, *amusé.* Vous êtes autoritaire, tempétueuse. Vous êtes menteuse…

SARAH BERNHARDT. Quelle recherche !

MICHAUD. Vous êtes celle qui peut dire tout ce qui ne se dit pas.

SARAH BERNHARDT. Si vous êtes venu pour remplacer le curé dans la pièce, je me dois d'être franche : personne ne croira que vous puissiez, vous et l'ombre sans nom qui vous accompagne, jouer un prêtre. Vous êtes trop beaux.

MICHAUD. Je ne sais pas.

SARAH BERNHARDT. « Il ne sait pas ! » Ce sont les plus cruels. Et quand ils le savent, ce sont les plus idiots.

MICHAUD. Nous ne sommes pas acteurs.

SARAH BERNHARDT. À d'autres.

MICHAUD. Nous allons devenir prêtres.

SARAH BERNHARDT. Bien sûr, à force de répétitions. Mais en avez-vous le talent ? J'en vois beaucoup de ces jeunes qui prétendent à ce monde d'illusions et ne s'y intéressent que pour le lustre qu'il procure, mais ont-ils vraiment la foi ?

TALBOT. En quelle langue faut vous le dire ? On est pas acteurs, madame. On est des séminaristes.

SARAH BERNHARDT. Dans un théâtre ? Sans prendre feu ? Et combien de jeunes filles vous pleurent à cet instant ?

MICHAUD. Je ne sais pas.

SARAH BERNHARDT. Ah ! Cruels !

TALBOT. Au théâtre, le personnage qu'on vient de voir crever devant nos yeux, il se relève aux saluts sous les applaudissements du public ! C'est ridicule.

SARAH BERNHARDT. Trois jours après sa mort, le Christ ressuscité s'est offert une formidable ovation.

TALBOT. On fait pas de blagues avec le Sauveur.

SARAH BERNHARDT. Là, ça commence à sentir le roussi.

TALBOT. Fais ce que t'as à faire et on s'en va.

MICHAUD. Maintenant?

TALBOT. Vas-y!

MICHAUD, *sortant la lettre de l'archevêque, grave et solennel.* Nous sommes porteurs d'un message de la part de Son Excellence notre archevêque.

SARAH BERNHARDT, *ironique.* Il ne pourra pas venir! Un empêchement?

TALBOT. Lis la lettre!

MICHAUD, *lisant nerveusement.* « Madame Bernhardt. Avide de profiter du goût des hommes pour les vanités, le démon les leur présente sous les formes les plus séduisantes. Par la malice et la ruse, il rassemble sur les scènes des théâtres… »

SARAH BERNHARDT, *interrompant Michaud.* Cherchez dans votre voix les notes graves, celles qui résonnent, celles qui provoquent l'inquiétude.

MICHAUD. Quoi?

SARAH BERNHARDT. On reprend tout.

MICHAUD. Je…

SARAH BERNHARDT. Vous êtes totalement dépourvu d'autorité! Depuis le début. *(Elle prend la lettre des mains de Michaud.)* « Avide de profiter du goût des hommes pour les vanités, le démon les leur présente… » Faites une pause après « le démon » afin qu'on ait le temps de bien imaginer ce démon. Regardez devant vous. Froncez les sourcils. « Avide de profiter du goût des hommes pour les vanités, le démon… » Pause!

MICHAUD. Le démon ! Pause.

SARAH BERNHARDT. On doit voir dans votre regard le visage bien rouge du diable, sa barbe à l'espagnole, ses yeux noirs et profonds.

MICHAUD, *reprenant.* « Avide de profiter du goût des hommes pour les vanités, le démon… »

SARAH BERNHARDT. Pause !

MICHAUD. Pause !

SARAH BERNHARDT. Imaginez votre archevêque mordant dans de la chair d'acteurs.

TALBOT. Tu vois pas qu'elle se moque de toi ?

SARAH BERNHARDT, *sèchement.* Et vous, de qui vous moquez-vous ?

TALBOT. Notre archevêque vous interdit de jouer. C'est dit ! C'est fait !

MICHAUD. Que devons-nous lui répondre ?

SARAH BERNHARDT. Dites-lui que bien d'autres, avant lui, ont tenté sans succès de me faire taire. Et mettez l'accent sur « avant lui ». Maintenant, sortez.

TALBOT. Viens.

MICHAUD. Vas-y.

TALBOT. Quoi ?

MICHAUD. Je te rejoins.

Talbot sort.

SARAH BERNHARDT. Autre chose ?

MICHAUD. Dans une pièce, lorsqu'on connaît le défi que le héros doit relever, comment écrit-on le moment critique où il doit faire un choix, le moment à partir duquel plus rien pour lui ne sera comme avant?

SARAH BERNHARDT. Vous écrivez une pièce!

MICHAUD. Oui.

SARAH BERNHARDT. Il y a un rôle pour moi?

MICHAUD. Pour vous? Je n'aurais jamais osé! Vous êtes sérieuse? *(Soudainement faible.)* Je vais m'asseoir. Non, je vais m'étendre. *(Il s'allonge.)* La messe de l'archevêque. Ma terrible visite à l'usine. Vous! Ma nouvelle pièce! C'est beaucoup. *(Il se relève.)* Ce sera une pièce sur la pauvreté. Depuis peu, j'en sais beaucoup plus le sujet.

SARAH BERNHARDT. Du théâtre social?

MICHAUD, *se relevant.* Du quoi?

SARAH BERNHARDT. C'est un nouveau genre qui pour l'instant ne s'adresse qu'à des convaincus qui, bien calés dans le velours, se complaisent devant les injustices rencontrées au coin de chaque rue et qui, l'entracte venu, constatent que le champagne n'a rien perdu de sa saveur. Le réalisme des dramaturges russes est au goût du jour. Vous savez que Tchékhov ne m'aime pas?

MICHAUD. Il dit que vous ne cherchez pas le naturel mais la surprise. On ne voit que vous, on ne voit pas le personnage.

SARAH BERNHARDT, *reprenant, étonnée, le fil de son propos.* Vous savez que Bernard Shaw ne m'aime pas non plus?

MICHAUD. Il dit que vous avez intoxiqué tous les grands rôles classiques avec votre gamme d'émotions remplies de grimaces.

SARAH BERNHARDT, *explosant.* Mais, par tous les saints du ciel, qui êtes-vous?

MICHAUD, *jouant.* « Qu'importe? Un anonyme, / Las de vivre en un temps qui n'a rien de sublime / Et de fumer sa pipe en parlant d'idéal. / Ce que je suis? Je ne sais pas. Voilà mon mal.»

SARAH BERNHARDT. *L'Aiglon*! De Rostand!

MICHAUD. Vous avez aimé?

SARAH BERNHARDT. Vous commencez à me plaire.

MICHAUD. Je vous plais! Vraiment? Je vais m'étendre encore. *(Il s'étend à nouveau.)* Au dortoir, personne va me croire.

SARAH BERNHARDT, *souriant.* Sachez que je place beaucoup d'espoir dans ce nouveau genre théâtral. Il est temps de sensibiliser les bourgeois à la réalité des classes inférieures. C'est peut-être ça, la voie de l'avenir! Un théâtre plus engagé. Du moins, beaucoup plus que cet autre courant qu'on dit moderne et qui se contente d'imiter le son du tonnerre, celui du train qui entre en gare, qui émerveille avec la machine qui ouvre les portes du ciel et celle qui fait la pluie! Ce théâtre d'effets qui laisse au vestiaire le peu de cervelle du public qui l'affectionne. « Tiens, elle vole avec des câbles, mais faisons tous semblant de ne pas voir les câbles!» Ils appellent ça un nouveau langage! La faillite des mots, oui! Remboursez!

MICHAUD, *se relevant.* Dans ma pièce, il y aura des prêtres.

SARAH BERNHARDT. Remboursez!

MICHAUD. Ce sera émouvant.

SARAH BERNHARDT. Avec des prêtres?

MICHAUD. Ce sera nouveau. Ce sera étonnant!

SARAH BERNHARDT. Oui, c'est ce que le producteur écrira sur l'affiche. « Nouveau et étonnant. » Et il trompera tout le monde en annonçant les supplémentaires avant même d'avoir vendu un seul billet.

Temps.

MICHAUD. Il y aura des travailleurs aussi.

SARAH BERNHARDT. Leurs costumes font « joliment sales » et les acteurs boivent trop pour le teint blafard des prolétaires.

MICHAUD. Maintenant, dites-moi comment écrire le moment charnière où le destin du héros sera transformé.

SARAH BERNHARDT. C'est l'instant où il fait face à des choix, là il doit peser les différentes options qui s'offrent à lui et, qu'importe sa décision, il y aura des conséquences.

Michaud sort son manuscrit de son sac et le présente à Sarah, qui le prend.

MICHAUD. J'ai déjà quelques répliques.

SARAH BERNHARDT, *lisant avec talent.* « Ma mère se brise les jambes dans une usine à coudre du cuir dur comme de la roche. Mon frère, trop petit, respire des poisons. Tout ça pour que je devienne prêtre, le seul travail possible pour nous sortir de la misère! »

MICHAUD, *indiquant.* Ça.

SARAH BERNHARDT, *poursuivant.* « L'usine, c'est la couleur bleutée des acides, les toux grises qui chassent les mélodies. L'écho d'une gifle, l'ultime voix de la raison. Je me demande si la beauté d'un objet réside dans le pouvoir qu'il a de masquer la souffrance qu'il a fallu pour le fabriquer. » On dirait Hugo.

MICHAUD. Victor Hugo ? Déjà ?!

SARAH BERNHARDT. Oui.

MICHAUD. Wow ! *(Enthousiaste.)* Mon héros est un voleur.

SARAH BERNHARDT. Ça me plaît.

MICHAUD. Un bagarreur.

SARAH BERNHARDT. C'est physique ! Très bien.

MICHAUD. Et il y a autre chose de plus intrigant.

SARAH BERNHARDT. Je vous écoute.

MICHAUD. Alors qu'on devrait le punir pour ses méfaits, on lui fait des grâces, on lui donne des avantages. Je crois qu'il cache quelque chose, quelque chose qui pourrait faire grand tort si c'était révélé.

SARAH BERNHARDT. Il hésite. Il ne sait pas. Il fait face à des choix.

MICHAUD, *lumineux.* C'est ça : il fait face à des choix !

SARAH BERNHARDT. Mais que cache-t-il au juste ?

MICHAUD. Je n'en sais rien.

SARAH BERNHARDT. Je repars dans trois jours. Vous terminez votre pièce d'ici là.

MICHAUD. Trois jours ?

SARAH BERNHARDT. Quel sera mon rôle ?

MICHAUD. Vous jouerez le vôtre !

SARAH BERNHARDT. Sarah Bernhardt jouant Sarah Bernhardt ! C'est Tchékhov qui va être content.

MICHAUD. Vous serez la Muse !

SARAH BERNHARDT, *grimaçante*. La Muse ! Non ! Pas cette chose évanescente drapée de voile, translucide jusqu'à l'ennui ! Non, pas la Muse ! Je veux jouer le héros.

MICHAUD. Vous ?

SARAH BERNHARDT. Lorenzaccio ! Hamlet ! L'Aiglon ! Ma réputation s'est bâtie sur l'interprétation de ces grands rôles masculins.

MICHAUD. Je ne sais pas.

SARAH BERNHARDT. Il ne sait pas ?

MICHAUD. Le personnage n'a pas vingt ans !

SARAH BERNHARDT. Un peu de maquillage. On tamisera les lumières. *(Elle reprend le texte de Michaud.)* « Prêtre, pas docteur, pas avocat ! Prêtre ! Le seul travail possible pour un pauvre pour se sortir de la misère ! »

MICHAUD. « Prêtre ! » Ensuite, une pause.

SARAH BERNHARDT, *étonnée*. Je vous demande pardon ?

MICHAUD. On doit sentir le poids de son destin… « Prêtre ! » Pause. « Le seul travail… »

SARAH BERNHARDT. Vous me plaisez. Vous ne manquez pas de culot, mais vous me plaisez.

Meyer entre avec des corbeilles de fleurs. Écho d'une meute de journalistes.

VOIX HORS CHAMP DE JOURNALISTES. Madame Bârnhârdt! Madame Bârnhârdt!

MEYER. Je n'arrive plus à les retenir. *(À Michaud:)* Jeune homme, vous avez toutes les raisons d'être fier de votre archevêque! Sarah, je dois te dire une chose qui va te mettre en colère.

SARAH BERNHARDT. Parle!

MEYER. Et je crains que ta colère ne nous fasse encore plus de dommages.

SARAH BERNHARDT. Je t'écoute!

MEYER. Ils demandent à être remboursés!

SARAH BERNHARDT. Qui?

MEYER. Les spectateurs!

SARAH BERNHARDT. Impossible!

MEYER. Ils sont des dizaines et des dizaines qui ont décidé de ne pas venir. Certains ont donné leurs billets à d'autres qui ont décidé à leur tour de ne pas venir. À ceux qui hésitaient encore à s'en départir, l'archevêque a demandé s'ils se croyaient obligés d'avaler un poison parce qu'ils l'avaient acheté.

SARAH BERNHARDT. Il m'a comparée à un poison?

MEYER. L'archevêque de Québec va réussir là où ceux d'ailleurs ont échoué. Et, au rythme où vont les annulations, tu risques de jouer devant une salle vide.

SARAH BERNHARDT. Impossible!

MEYER. Sapristi! Lis les cartes sur les fleurs! «Je suis aux regrets...», «Un empêchement de dernière minute...», «Un malaise soudain». Je poursuis? Je ne veux pas qu'on te voie avec ce jeune homme.

SARAH BERNHARDT. Pourquoi?

MEYER. La Lionne et l'Agneau? La Pécheresse et le Saint? Je vois déjà les titres. *(À Michaud:)* Et de grâce, jeune homme, ne me dites pas votre âge! Cachez-vous!

SARAH BERNHARDT. C'est du Feydeau! Voici qu'on joue du Feydeau!

Michaud se cache. Un journaliste entre. Et un autre, et un autre. Flash de poudre de magnésium.

JOURNALISTE 1. Comment réagissez-vous à l'interdit de notre archevêque?

SARAH BERNHARDT. Lors de notre passage à Chicago, l'évêque m'y a fait, par la violence de ses sermons, une telle réclame que Meyer, mon manager ici présent, lui a écrit.

MEYER. «Monseigneur, j'ai l'habitude, quand je viens dans votre ville, de dépenser quatre cents dollars pour la publicité. Comme vous l'avez fait pour moi, je vous envoie deux cents dollars pour vos pauvres!»

On rit.

JOURNALISTE 2. Avez-vous une déclaration à faire?

MEYER. Attention à ce que tu vas dire!

SARAH BERNHARDT, *dangereusement calme.* J'ai fait tout récemment la connaissance d'un jeune homme charmant qui me considère à ma juste valeur comme celle qui peut dire tout ce qui ne se dit pas ici.

MEYER. Aux abris!

SARAH BERNHARDT. Faites savoir à votre archevêque…

MEYER. Tous aux abris !

SARAH BERNHARDT. … que je lui répondrai sur scène demain soir !

JOURNALISTE 3. Pendant la représentation ?

SARAH BERNHARDT. À la fin de la pièce.

JOURNALISTE 1. Demain soir ?

SARAH BERNHARDT. Salle vide ou pleine.

MEYER. Maintenant, sortez !

JOURNALISTES. Merci ! Merci !

Rumeur des journalistes qui sortent.

MEYER. Tu… Tu te rends compte de ce que tu veux faire ?

SARAH BERNHARDT. Oui… et on va jouer à guichets fermés. *(À Michaud qui sort de sa cachette :)* Jeune homme, si vous voulez que je quitte la ville avec votre pièce en main, vous avez trois jours.

Ils sortent.

4. LE SANTAL

Le dortoir devient l'entrée des artistes. Talbot apparaît seul.
Madeleine observe Talbot de dos. Il se retourne, elle lui sourit.
Au loin, les sons d'une bruyante manifestation.

MADELEINE. J'ai failli être emportée par la foule !

TALBOT. Ce sont les Chevaliers du travail.

MADELEINE. Ils sont déchaînés.

TALBOT. Ils profitent des journalistes qui sont venus pour la Bernhardt.

MADELEINE. C'est vous qui allez le remplacer ?

TALBOT. Qui ?

MADELEINE. Le curé dans la pièce ?

TALBOT, *désintéressé.* Quoi ?

MADELEINE. Le curé ?

TALBOT, *indifférent.* Si vous voulez.

MADELEINE. Vous allez devoir vous y mettre pour faire ridicule. Pour l'audition, il n'était pas nécessaire de porter le costume.

TALBOT, *ironique.* C'est ça. J'aurais pas dû me costumer.

MADELEINE. J'suis actrice. Ça se voit?

TALBOT. L'accent. Le maquillage.

MADELEINE. Vous trouvez que je sens bon?

TALBOT. Du parfum, c'est du parfum.

MADELEINE. À Boston, Sarah a dit que je sentais le marécage. C'est du bois de santal. Sentez? *(Talbot n'en fait rien.)* Vous attendez quelqu'un?

TALBOT. Un ami.

MADELEINE. Il a passé l'audition?

TALBOT. C'est ça.

MADELEINE. Il sait que c'est vous qui avez eu le rôle?

TALBOT. Non.

Silence.

MADELEINE. Je ne sais pas si vous êtes comme moi, mais la compétition, ça m'excite. Ça me pousse au-delà de mes limites. Vous trouvez que je sens le marécage?

TALBOT. Fait trop froid pour sentir quelque chose.

MADELEINE. Allez, sentez, juste un peu. Vous sentez quoi?

TALBOT, *obtempérant à contrecœur.* Du santal?

MADELEINE, *riant.* C'est ça! Oui! *(Temps.)* On m'a dit qu'il y avait une fumerie d'opium quelque part en ville.

TALBOT. Oui, près du port.

MADELEINE. Vous aimeriez m'y conduire?

TALBOT. À la fumerie? J'attends mon ami.

MADELEINE. Quand je ne suis pas sur scène, je n'existe pas. On ne joue que demain soir. J'ai encore vingt-quatre, vingt-quatre longues heures à ne pas exister ! Vous, c'est pareil ?

TALBOT. Pareil comme vous : j'existe pas.

MADELEINE. Vous savez pourquoi vous faites du théâtre ? *(Temps.)* Allez !

Talbot la regarde vraiment pour la première fois.

TALBOT. À cause des actrices ?

MADELEINE. Flatteur.

TALBOT. C'est les seules femmes qu'on peut regarder. Vraiment, j'veux dire. Assis dans le noir, on les regarde, pis y nous vient toutes sortes de pensées.

MADELEINE. Vous avez une approche singulière de l'art dramatique. Les acteurs parisiens ne parlent pas comme vous. Ils ne font que demander des potins sur la Divine. Et moi, je leur dis : au Mexique, elle a apprivoisé un alligator. Elle l'a nourri au champagne. Il n'a pas survécu. Elle l'a fait empailler. *(Temps.)* « A world tour ! » On a inventé l'expression juste pour elle. Ce froid ! C'est pas humain ! J'ai les pieds glacés. *(N'y tenant plus, Talbot s'accroupit et délace les bottes de Madeleine.)* Que faites-vous ?

TALBOT. J'suis le meilleur réchauffeur de pieds au monde.

MADELEINE. Quoi ?

TALBOT. Je réchaufferais même ceux d'un cul-de-jatte.

Il lui réchauffe les pieds.

MADELEINE. «Fleur d'un jour, hier si éclatante, aujourd'hui flétrie, toi qui auras duré moins longtemps qu'une promesse. Je cherche en vain la trace des baisers!» C'est à vous!

TALBOT. Quoi?

MADELEINE. Votre réplique!

TALBOT, *sans émotion.* «Ma fille! Avant de mourir, vous vous devez de renier votre profession!»

MADELEINE. Au moins, vous en savez une.

TALBOT. Si je vous disais que je les sais toutes?

MADELEINE. Le plus sensuel chez un homme, c'est sa nuque. C'est aussi l'espoir le plus souvent déçu. Lorsqu'une jolie nuque se retourne, le visage, la plupart du temps, est tout moche. *(Elle se rapproche de Talbot.)* Mais toi, t'es tout sauf une déception. Tu sais, je résiste à tout, sauf à la tentation.

TALBOT. Ça, vous l'avez volé à Oscar Wilde.

MADELEINE. T'as pas l'air, comme ça, mais tu sembles savoir beaucoup de choses.

TALBOT. Je sais plein de choses qu'on pense pas que j'sais.

MADELEINE. T'as un nom?

TALBOT. J'ai pas de nom. Toi, non plus, t'en as pas! Tu vas r'partir! On a pas de noms.

Talbot embrasse Madeleine avec force.

MADELEINE. Tout doux.

TALBOT. Tu sens trop bon!

MADELEINE. Tout doux.

TALBOT. Trop bon.

MADELEINE. T'es un rapide.

TALBOT. Comment tu fais pour goûter comme ça?

MADELEINE. Je m'étais imaginé quelques refus.

Ils s'embrassent à nouveau.

TALBOT. Mets ta main là.

Il prend la main de Madeleine et la met sur son sexe.

MADELEINE. Tu respires fort.

TALBOT. Laisse ta main là.

MADELEINE. C'est fou comme tu respires fort. J'aime ça.

MICHAUD, *au loin.* Hugo! Elle a dit Victor Hugo! *(Madeleine et Talbot interrompent leur étreinte.)* Elle a dit que j'écrivais comme Hugo! Oh! Pardon. Bonsoir, mademoiselle.

TALBOT. Je te rejoins plus tard. Rentre.

MICHAUD. On a juste trois jours pour finir la pièce.

TALBOT. De quoi tu parles?

MICHAUD. Sarah veut jouer ta vie!

TALBOT. De quoi tu parles?

MICHAUD. On n'a pas une seconde à perdre. Tu dois tout me raconter.

TALBOT. Là, je vais reconduire la d'moiselle à son hôtel.

MICHAUD. On va y aller ensemble. J'aime reconduire les gens.

TALBOT. Non.

MICHAUD. Pourquoi?

MADELEINE. Il faut te faire un dessin?

(Temps.)

MICHAUD, *comprenant ce qui se passe.* Tu peux pas faire ça! Ils vont te punir.

TALBOT. Y vont même pas dire un mot.

MICHAUD. «La chasteté comporte un apprentissage de la maîtrise de soi.»

MADELEINE. Les acteurs qui s'investissent trop, j'aime pas.

MICHAUD. Tu rentres avec moi.

MADELEINE. Non, c'est moi qui rentre.

MICHAUD. Tu peux pas aller la reconduire à son hôtel.

TALBOT. T'as raison. Pas à l'hôtel. Je l'amène à la fumerie.

MICHAUD. Où ça?

TALBOT. Chez madame Chang.

MICHAUD. Où?

TALBOT. Y a une porte toute noire. On frappe cinq coups rapides et pis deux longs.

MICHAUD. Comment tu peux savoir ça?

TALBOT. C'est juste derrière la maison de ma mère. On partage la même cour.

MADELEINE. T'as de quoi payer?

TALBOT, *étonné.* Quoi? Faut te payer?

MADELEINE. Pas moi, idiot! La fumerie! La chambre!

TALBOT. J'ai tout c'qu'y faut.

MADELEINE. Après, on ira jouer aux cartes. Tu veux?

TALBOT. J'ai tout c'qu'y faut. Prends des notes, Michaud.

Talbot embrasse Madeleine devant Michaud. Un temps. Ils partent, laissant Michaud seul.

5. USTENSILE PAR USTENSILE

Au dortoir. Même soir. Michaud écrit dans son cahier. Sarah apparaît, costumée en jeune garçon, comme Talbot au début de la pièce.

SARAH BERNHARDT. Je hume le santal. Mes gestes sont gracieux et lents. J'embrasse sa peau fine. Unis dans les vapeurs d'opiacés, nous ne faisons plus qu'un. Nos rires puissants détournent les sifflements froids de décembre. Saoulée d'extase, dans l'anonymat de la nuit, elle s'accroche à mes lèvres pour ne pas tomber. Son baiser est un lèchement de flamme. Dans une danse hésitante, heureux, nous marchons jusqu'à la maison de jeux. J'y gage l'argent. Tout l'argent. Sous le regard enjoué de ma maîtresse, je brave les marins. Je me sens libre. Les enchères montent. Je me sens libre. Je défie mon destin. Je défie Dieu. Jamais je ne serai aussi libre.

Elle disparaît.

MICHAUD, *finissant d'écrire.* «Jamais… je ne serai aussi libre.»

On entend les voix de jeunes hommes chantant des psaumes latins. En retrait, Casgrain pousse un chariot rempli de livres. Michaud cache son cahier sous son matelas. Casgrain fouille sous les matelas et en sort des livres qu'il place sur son chariot.

CASGRAIN. *Les trois mousquetaires* de Dumas. *Les frères Karamazov* de Dostoïevski. *Le comte de Monte-Cristo* encore de Dumas. Vous aussi, vous aurez à pratiquer l'*Index librorum prohibitorum;* la mise à l'écart des ouvrages qui troublent l'âme, ceux qui entachent l'insouciance. Vous aussi, vous serez obligé de mettre en quarantaine Diderot, Rousseau, Voltaire. Tolstoï, les sœurs Brontë. Tous ceux qui remettent en question l'ordre du monde. Vous devrez mettre sous clef les darwinistes et tous ceux qui propagent de fausses théories sur l'Évolution.

MICHAUD. Vous me prêtez *Les frères Karamazov*! On dit qu'on y parle de Dieu et du libre arbitre.

Casgrain soulève le matelas du lit de Michaud et y prend le cahier de la pièce.

CASGRAIN. Qu'avons-nous là?

MICHAUD. Redonnez-le-moi.

CASGRAIN. Vous entendez ces chants? Une vigile pour éloigner la pécheresse! Comment fut votre rencontre avec elle?

MICHAUD. Mon cahier!

Temps.

CASGRAIN. Répondez!

MICHAUD. Elle est formidable. Elle croit en la jeunesse comme levier de changement.

CASGRAIN. Comment a-t-elle réagi à l'interdit de l'archevêque?

MICHAUD. Elle va lui répondre demain soir, sur scène, à la fin de la pièce.

CASGRAIN. Que Dieu nous protège.

MICHAUD. Elle veut jouer ma pièce.

CASGRAIN. Que Dieu vous protège.

MICHAUD. S'il vous plaît, mon cahier!

CASGRAIN. Où est Talbot?

MICHAUD. Qui?

CASGRAIN. Où est-il?

MICHAUD. Il chante avec les autres.

CASGRAIN. Personne ne l'a vu rentrer.

MICHAUD. Ah bon!

CASGRAIN. Pourquoi n'est-il pas avec vous?

MICHAUD. Parce qu'il ne faut pas que je m'attache à lui! Vous avez été clair là-dessus. «Vous ne vous attachez pas à lui.» Mon cahier. *(Casgrain s'assoit sur le lit de Michaud.)* On ne s'assoit pas sur les lits.

Casgrain invite Michaud à s'asseoir à son côté. Michaud obtempère.

CASGRAIN. Ne me mentez pas. Je ne mérite pas ça.

MICHAUD. Je vous mens parce que vous savez que je vous mens, du coup y a pas vraiment de mensonge.

CASGRAIN. Où est-il?

MICHAUD. Vous ne voulez pas le savoir.

CASGRAIN. Vous n'avez aucune idée de tout ce que j'accomplis pour vous garder ici. Je vous couvre constamment.

MICHAUD. Redonnez-moi mon cahier.

CASGRAIN. Je suis le seul responsable de votre maintien dans cet établissement. S'il n'en tenait qu'à mes supérieurs, vous seriez dehors depuis longtemps.

MICHAUD. Je croyais qu'on m'appréciait.

CASGRAIN. J'essaie de leur faire croire que vous avez la vocation.

MICHAUD. J'aime Dieu. J'ai tout lu sur lui.

CASGRAIN. Vous préférez de loin la tragique Médée à la Vierge Marie.

MICHAUD. D'un point de vue purement philosophique, elles ont beaucoup en commun. Elles ont toutes deux sacrifié leur progéniture par passion. Et le cas de la Vierge est plus lourd parce qu'elle le savait depuis l'enfantement.

CASGRAIN. Je prie beaucoup pour vous.

MICHAUD. Merci.

CASGRAIN. Je vous passe tous vos caprices.

MICHAUD. Merci.

CASGRAIN. J'autorise toutes vos sorties.

MICHAUD. Redonnez-moi mon cahier.

CASGRAIN. Il ne se passe pas une journée sans que je vous recommande à Dieu.

MICHAUD. Vraiment?

CASGRAIN, *prenant les mains de Michaud.* Parce qu'aussi irritante puisse-t-elle être parfois, votre présence est ma seule joie dans ce monde. *(Il libère les mains de Michaud.)* Je ne le répéterai pas.

MICHAUD. Vous tremblez.

CASGRAIN, *prenant un livre sur le chariot.* Voici, *Les frères Karamazov.* Cachez-le bien.

MICHAUD. Pourquoi moi?

CASGRAIN. Il avait votre insolence. Il était curieux, imaginatif. Il croyait en la justice. *Temps*. Et il était beau.

MICHAUD. C'était qui ?

CASGRAIN. Quelqu'un… autrefois.

MICHAUD. Pourquoi me dire ça maintenant ?

CASGRAIN, *tendre*. Je veux que vous sachiez que quelqu'un veille sur vous. *(Casgrain empoigne calmement et sévèrement Michaud par la nuque.)* Maintenant, pour la dernière fois : où est Talbot ?

MICHAUD. Je vous jure…

CASGRAIN. Ne jurez pas.

MICHAUD. Je vous jure que vous ne voulez pas savoir.

CASGRAIN. Vous êtes un démon de la pire espèce.

MICHAUD. «Démon»… Ensuite, faites une pause. Ensuite… Aoutche !

CASGRAIN. Parlez !

MICHAUD. Redonnez-moi mon cahier !

CASGRAIN. Je vous avais interdit d'écrire sur lui.

Michaud voit Talbot entrer en civil.

MICHAUD. Dans ma pièce, à ce moment précis, mon héros entre sur scène.

TALBOT, *dangereusement calme, encore un peu sous l'effet de l'opium*. Lâchez-le !

CASGRAIN. Vous rendez-vous compte de l'heure…

TALBOT. J'ai dit de le lâcher.

CASGRAIN, *libérant Michaud*. Où étiez-vous ?

TALBOT. Au paradis, mon frère.

CASGRAIN. Je n'aime pas votre sourire.

TALBOT. C'est l'extase. Mes yeux? L'opium. Mon odeur? Le santal.

Il se défait de sa chemise et se retrouve torse nu.

CASGRAIN. Je les connais, les garçons comme vous, ceux qui usent de leur charme pour des faveurs et des privilèges. Je les connais. Ils peuvent feindre la soumission pour créer la confusion. Ensuite, quand on cesse de leur accorder ce qu'ils souhaitent, ils s'amusent à diffamer pour s'attirer d'autres grâces. Michaud, allez rejoindre vos confrères.

TALBOT. Reste! Et prends ton cahier.

CASGRAIN. Sortez, Michaud!

Michaud reprend son cahier des mains de Casgrain.

MICHAUD. Je reste.

CASGRAIN, *à Talbot.* Je les connais, les garçons comme vous.

TALBOT, *calme et provocateur.* Au début, il rencontre un homme plus vieux, un homme avec des beaux yeux de chat. Un sourire contagieux. Une eau de Cologne qui sent le tabac. Ils deviennent amis. L'homme lui apprend à parler comme quelqu'un de bien. C'est important de parler comme quelqu'un de bien si on veut devenir quelqu'un de bien. Il lui apprend à dire « gratitude » au lieu de merci. Il le fait voyager dans les livres. Ils escaladent le mont Sinaï. Ils rencontrent Moïse. Ils dorment sous les palmiers de Jéricho. Comme Salomé à Jean le Baptiste, il le couvre de cadeaux. Un jour, ils font du théâtre. Ils se jouent des personnages dévorés par des passions étranges.

« Ne les détournez pas, ces yeux qui me déchirent
Ces yeux tendres, ces yeux perçants, mais amoureux…
Qui semblent partager le trouble qu'ils inspirent
Hélas, plus ils sont dangereux
Plus je me plais à m'attacher sur eux. »

Un soir, l'homme demande au garçon d'y « témoigner sa gratitude » Le garçon a douze ans. Il sait pas vraiment comment. L'autre en a quarante. Il le sait. Il s'allonge sur le petit. C'est la première fois que le petit est si petit. L'homme lui murmure que Dieu est d'accord. *(Temps.)* Une nuit. Une autre nuit. Cinq ans. Les prières du garçon deviennent sans consolation ; les psaumes roulent dans sa bouche avec un arrière-goût d'eau de Cologne au tabac. *(Talbot s'éloigne de Casgrain.)* Y a deux jours, dans le dortoir, une haleine de vin de messe qui souffle sur son visage, des mains gélatineuses qui fouillent sous ses draps… Y a deux jours, le garçon a frappé, frappé le prêtre aux yeux de chat, frappé avec un des barreaux de son lit. Le barreau arraché après des nuits d'orage. Frappé ! Frappé ! Frappé ! Le garçon a frappé. Juste assez. Frappé. Frappé, juste assez pour qu'on soit obligé d'appeler la police, un docteur, n'importe qui du dehors pour qu'on le sorte de l'enfer !

CASGRAIN, *avec empathie.* Si vous vous obstinez à livrer ce témoignage, ce sera l'infortune pour vous et pour votre famille. Pas un de vos camarades ne va se salir à raconter des actes qui ne se racontent pas. Vous deviendrez un pestiféré ; l'infamie va vous précéder en tout lieu. Vous ne serez plus qu'un homme qui ne mérite pas d'en porter le nom. C'est ce que vous souhaitez ? C'est le rôle que vous vous souhaitez ? Sachez qu'il n'y a aucune gloire à devenir une victime honteuse. Aucune. Avez-vous une idée à quelle puissance vous vous attaquez ? La justice sera plus sensible aux aveux d'un prêtre qui ne marchera plus jamais qu'à ceux d'un jeune qui profite de toutes les grâces de son Église. Monsieur Talbot, conjuguons nos efforts pour que l'innommable ne soit pas nommé. Entre l'humiliation à dénoncer des horreurs qu'on a vécues et la guérison de leurs séquelles avec la douceur des jours qui passent, le choix m'apparaît évident. Demain, vous direz à la police que vous avez volé l'argenterie. Vous direz que vous vous êtes battu avec ce prêtre parce qu'il vous a surpris. Demain, je vais sortir votre frère de cette usine, je vais l'inscrire dans une de nos écoles. Demain, ce sera la fin de votre cauchemar. Trouvez en Dieu le pardon et il vous apportera la consolation. *(Il prend deux oranges cachées dans son chariot et en dépose une sur le lit de chacun des garçons.)* Elles sont arrivées cet après-midi du sud des États-Unis. Je suis désolé, Michaud. Vous n'aviez pas à entendre cela.

Il sort. Dans un rituel parfaitement synchronisé, les deux garçons font leur toilette, revêtent leur chemise de nuit. Ils s'agenouillent et se signent.

MICHAUD. «Ne les détournez pas, ces yeux qui me déchirent / Ces yeux tendres, ces yeux perçants, mais amoureux… / Qui semblent partager le trouble qu'ils inspirent / Hélas, plus ils sont dangereux / Plus je me plais à m'attacher sur eux.» Tu as dit les répliques d'Adrienne Lecouvreur.

TALBOT. Une pauvre fille abusée par un vieux prince. *(Étonné.)* Tu pleures?

MICHAUD, *s'essuyant les yeux.* Non.

TALBOT. Il est là, sous mes pieds. Je l'entends respirer. *(Temps.)* C'est lui qui a volé l'argenterie.

MICHAUD. Quoi?

TALBOT. Ustensile par ustensile! Un cadeau pour ma mère, qu'y disait. Après, moi, j'ai mérité ustensile par ustensile.

MICHAUD. Tu te dois de tout dire à la police.

TALBOT. Si tu savais comment c'était bon, dehors, tout à l'heure. On se promène sur la grande terrasse en face du fleuve. Elle veut rentrer. Elle va jouer demain soir. Elle a froid. Elle a peur pour sa voix. Je place mes mains sur sa petite gorge. Mes mains qui réchauffent sa petite gorge. «Fleur d'un jour, hier si éclatante... Reçois un baiser...» Elle s'appelle Mathilde. Marguerite. Juliette. Elle porte tous les noms de la terre; c'est une actrice. Elle a des dessous... C'est une douceur quand tu glisses ta main dessous. Ce soir, j'ai connu tout c'qu'un homme se devait de connaître. C'est fait.

MICHAUD. Tu dois tout dire à la police.

TALBOT. Pourquoi tu t'en fais autant pour moi?

MICHAUD. Les Proverbes. Chapitre dix-sept! Verset dix-sept!

TALBOT. «Celui qui est ami aime en tout temps et c'est dans l'affliction qu'il se montre son frère.» Oublie-moi. J'suis pas ton ami.

Il se couche. Michaud observe l'orange.

Sarah réapparaît, costumée en Talbot.

SARAH BERNHARDT. Était-ce un homme libre ou un esclave? Sa main était-elle affranchie ou contrainte? Était-il vieux ou jeune? Pauvre ou riche? Avait-il des enfants? S'il en avait, mangeaient-ils à leur faim? L'a-t-on frappé? Qui est celui qui a cueilli cette orange? En vérité, ce fruit n'est pas un fruit. Il n'est qu'une illusion de bonheur. Désormais, ceci ne sera jamais plus une orange.

6. JUSTE UN FEUILLET

Le lendemain. Le dortoir devient la loge du théâtre. Sarah est seule sur scène, perdue dans ses pensées.

MEYER, *entrant.* Trois cent quatre! *(Il sort. Il revient.)* Trois cents! Nous en sommes maintenant à trois cents places sur une salle de sept cents!

MADELEINE, *hors champ.* Deux cent quatre-vingt-seize!

MEYER. Il y a une douzaine de journalistes qui attendent. Tu n'as rien de scandaleux à leur dire? Cherche un peu. On pourrait leur montrer l'alligator?

MADELEINE, *entrant avec des perruques sur des têtes en bois.* L'alligator mexicain?

MEYER. Oui.

MADELEINE. L'alligator empaillé?

MEYER. Oui. Ça leur ferait de belles photos, non?

MADELEINE. Ça va leur donner la frousse, oui.

MEYER. Sache que ton idée de répondre à l'archevêque ne fait pas recette. À ce rythme, on annule dans une heure.

Il sort.

SARAH BERNHARDT. Encore ce trac qui m'assaille soudainement.

MADELEINE. Vous avez le trac ?

SARAH BERNHARDT. Pas vous ?

MADELEINE. Pas du tout.

SARAH BERNHARDT. Vous verrez ; ça viendra avec le talent.

MADELEINE. Ravie de vous savoir en si grande forme.

MEYER, *entrant.* Deux cent quatre-vingt-trois !

SARAH BERNHARDT, *agacée.* S'il te plaît, Meyer, ne reviens que lorsque la salle sera vide. *(Meyer sort à nouveau.)* A-t-on trouvé un remplaçant pour le prêtre dans la pièce ?

MADELEINE. Vous ne savez pas ?

SARAH BERNHARDT. On ne me dit rien à moi.

MADELEINE. Je l'ai fait répéter hier soir.

SARAH BERNHARDT. Il doit suinter de sainteté.

MADELEINE, *coquine.* Pas vraiment, non.

SARAH BERNHARDT. Il a un nom ?

MADELEINE. Je ne sais pas.

SARAH BERNHARDT. De mieux en mieux.

MADELEINE. Il vient d'ici.

SARAH BERNHARDT. Un acteur local ! Dzieu, j'ai hâte de l'entendre dzire le texte !

MADELEINE. Il est talentueux.

SARAH BERNHARDT. Sûrement !

MADELEINE. Il a de belles mains.

SARAH BERNHARDT. Charmant.

MADELEINE. Une très belle nuque.

SARAH BERNHARDT. Bien! On le fera jouer de dos.

MADELEINE. Il est merveilleux.

SARAH BERNHARDT. Ah, ceux-là, «les merveilleux», je les ai connus. L'amour, c'est un coup d'œil, un coup de rein et un coup d'éponge.

MADELEINE. Louis? Arthur? Napoléon? J'aimerais lui trouver un prénom.

SARAH BERNHARDT. Peine? Tromperie? Déception?

MADELEINE. Vous êtes cynique.

SARAH BERNHARDT. Non, c'est de la lucidité. Et tout comme le trac, ça vient avec le talent.

Temps.

MADELEINE. Bravo pour l'atmosphère.

SARAH BERNHARDT. Meyer!

MEYER. Quoi, Sarah?

SARAH BERNHARDT. Nous allons en usine.

MEYER. On va où?

SARAH BERNHARDT. J'ai décidé d'aller les remercier en personne.

MEYER. Qui?

SARAH BERNHARDT. Le patron. Les travailleurs.

MEYER. Les remercier de quoi?

SARAH BERNHARDT. Pour les bottes!

MEYER. Je t'ai dit de simplement leur écrire un mot.

SARAH BERNHARDT. Je veux les rencontrer en personne.

MEYER. Pour quoi faire ? Pour te rendre sympathique auprès de la classe ouvrière ? Pourquoi ? Tout le monde sait que tu es sympathique.

SARAH BERNHARDT. Je prépare un nouveau rôle ! Et j'ai besoin pour ce faire de me rendre en usine.

MEYER, *intrigué*. Une nouvelle pièce ?

SARAH BERNHARDT. Oui.

MADELEINE. Y a un rôle pour moi ?

MEYER. Tu m'as rien dit ?

SARAH BERNHARDT. Ce sera un drame social.

MEYER. Tu vas nous ruiner !

SARAH BERNHARDT. Le personnage est un jeune homme issu d'une famille d'ouvriers.

MADELEINE, *un brin ironique*. Ça va vous demander un travail colossal !

MEYER. On n'a pas le temps pour une visite en usine. T'as trop de choses à faire ! Faire répéter le remplaçant. Rattraper le retard sur ta correspondance.

SARAH BERNHARDT, *énervée*. … Décidément, je dois tout faire ici !

MEYER. … Dédicacer les programmes…

SARAH BERNHARDT. … Divertir les gens. Faire scandale…

Les répliques se superposent.

MEYER. … Je ne fais que te rappeler…

SARAH BERNHARDT. … Jouer ! Triompher !…

MEYER. … Te rappeler tes obligations…

SARAH BERNHARDT. ... Désobéir aux archevêques!...

MEYER. ... Hier, tu as dit que tu voulais signer toi-même les programmes...

SARAH BERNHARDT. ... Vous n'avez rien d'autre à me faire faire? Un costume à repriser?...

MEYER. ... Au départ...

SARAH BERNHARDT. ... Un accessoire à réparer?...

MEYER. ... Au départ, j'étais contre l'idée...

SARAH BERNHARDT. ... Apportez-moi des pinceaux...

MEYER. ... Tu as insisté...

SARAH BERNHARDT. ... que je change les couleurs du décor!...

MEYER. ... Tu as insisté...

SARAH BERNHARDT. ... Que serait le monde sans moi?...

MEYER. ... Pour te rappeler tes obligations...

SARAH BERNHARDT. Que serait-il?

MEYER, *abdiquant.* Soit! Soit! Nous irons en usine!

SARAH BERNHARDT, *agrippant son manteau.* Et montre-leur l'alligator.

MEYER, *dépassé.* Quoi? À qui?

SARAH BERNHARDT. L'alligator! Aux journalistes, pardi. Je vais prendre l'air.

MEYER. C'est ça, et pense à en laisser un peu aux autres.

Michaud entre, l'air sombre et vêtu en civil.

MADELEINE. Tiens! Voici l'adorateur!

SARAH BERNHARDT. Non. Voici mon auteur.

MEYER, *sortant.* La ruine !

MADELEINE, *à Michaud.* Dites à votre ami que je l'attends pour répéter. À six heures, au théâtre. Il n'aura qu'à dire mon nom au portier. À six heures, au théâtre. Madeleine. Mon nom, c'est Madeleine. Vous n'oublierez pas ?

SARAH BERNHARDT, *ne supportant pas d'être mise à part.* Là, je ressens ce que les fleurs de tapisserie ressentent.

MEYER, *entrant.* Là, on est en dessous des deux cents !

MADELEINE. Vous lui direz ?

MEYER. Il y aura des pertes ! Je te dis : il y aura des pertes !

SARAH BERNHARDT. Dehors ! Tout le bruit, dehors ! *(Madeleine et Meyer sortent.)* Où en sommes-nous avec notre pièce ? *(Michaud sort une feuille de son sac et la remet à Sarah.)* Je repars dans deux jours et vous n'avez qu'un feuillet. Parlez !

MICHAUD, *sombre.* Cette nuit, j'ai compris pourquoi ma religion décrivait en détail ce qu'il y a d'impur chez les hommes. J'ai compris cette nuit que c'était parce qu'on le devenait inévitablement.

SARAH BERNHARDT. Vous êtes pâle.

MICHAUD. J'ai aussi compris Voltaire lorsque son Candide découvre qu'on ne naît ni bourreau ni victime, mais les deux à la fois ! Cette nuit, j'ai compris qu'il ne sert à rien de croire en un monde meilleur. J'ai compris que dans la lutte de la vie, ma pureté n'allait pas s'en sortir indemne.

SARAH BERNHARDT. Vous devriez vous asseoir.

MICHAUD. L'innocence, madame, l'innocence se corrompt en la présence de l'Autre! Cette nuit, je me suis demandé si j'allais devenir cynique comme tout le monde.

SARAH BERNHARDT. Que s'est-il passé depuis hier?

MICHAUD. Lisez!

SARAH BERNHARDT, *lisant.* «Vous me demandez de vous témoigner ma gratitude? Comment faire? Mon âme se trouble.»

MICHAUD, *ne l'écoutant pas vraiment.* Ça ne va pas!

SARAH BERNHARDT, *vexée.* Je n'en suis qu'à une première lecture.

MICHAUD. On arrête tout.

SARAH BERNHARDT. Laissez-moi travailler. *(Elle poursuit sa lecture en silence.)* «Je suis si petit, et lui, menaçant tel l'orage au-dessus d'une clairière d'été, il s'allonge sur moi, il gronde. Il m'assombrit. Je suis si petit. Ses mains me brûlent, ses lèvres me brûlent.» *(Elle se rend compte de quoi il est question.)* Ciel!

MICHAUD, *reprenant violemment le feuillet.* Hier, mon héros était rebelle et farouche. Aujourd'hui, c'est la victime de choses qui ne se racontent pas.

SARAH BERNHARDT. N'était-ce pas votre vœu d'écrire sur la misère?

MICHAUD. Pas sur celle qui nous dégoûte.

SARAH BERNHARDT. Le théâtre ne doit-il pas se faire dénonciateur?

MICHAUD. Alors, vaut mieux être journaliste.

SARAH BERNHARDT. Ne doit-il pas vouloir changer le monde?

MICHAUD. Mieux vaut être révolutionnaire.

SARAH BERNHARDT. Ne doit-il pas croire qu'il peut corriger les injustices?

MICHAUD. Alors, il faut devenir juge. Mais moi, je ne veux plus être poète!

SARAH BERNHARDT. Ne dites pas cela.

MICHAUD, *retenant mal son émotion.* On ne fait pas de la poésie avec le malheur d'un ami.

SARAH BERNHARDT. Quoi? Vous le connaissez?

MICHAUD, *reprenant puis déchirant le feuillet.* Je suis désolé de vous avoir importunée. *(Il cite* Adrienne Lecouvreur *avec émotion.)* « Au triomphe du théâtre, mon cœur ne battra plus de nos ardentes émotions… Adieu. »

SARAH BERNHARDT, *froide.* Vous avez raison! Adieu. Et ne revenez pas.

Michaud sort. Un temps. Il revient.

MICHAUD. Vous ne me retenez pas?

SARAH BERNHARDT. Je n'ai aucune raison de le faire.

MICHAUD. J'aurais cru…

SARAH BERNHARDT. J'ai fait une erreur en vous accordant ma considération.

MICHAUD. C'est cruel.

SARAH BERNHARDT. Vous vous prétendez poète et vous ne voulez pas écrire ce qui est misérable chez l'être humain? Vous vous refusez d'en dépeindre avec force les faiblesses ? J'ai cru que vous me livreriez un point de vue nouveau sur le monde comme seule la jeunesse peut le faire. J'ai cru que votre naïveté vous rendrait intrépide, qu'elle vous mettrait à l'abri des a priori, qu'elle vous épargnerait des idées convenues. J'ai cru que vous nous offririez une dénonciation courageuse des maux de notre société. J'ai dû confondre simplicité d'esprit avec naïveté. Tout comme vous qui confondez cynisme et lucidité. Je ne vous retiens pas.

MICHAUD. Vous m'en voulez ?

SARAH BERNHARDT. Je me suis laissé prendre par ces quelques phrases sincères sur la dureté du monde ouvrier.

MICHAUD. Elles étaient sincères.

SARAH BERNHARDT. Ah oui ? Qu'avez-vous vraiment vu dans cette usine ? La misère ou votre propre inconfort ? Avez-vous essayé de devenir un de ces travailleurs ? Avez-vous fait corps avec la dureté de leur quotidien ? J'ai cru un instant dans le drame que vivait votre héros… votre ami. À ce que je vois, la cruelle réalité de la vie vous incommode.

MICHAUD. Comment peut-il en être autrement ?

SARAH BERNHARDT. Voici qu'elle a des chairs blessées, des cris étouffés, voici qu'elle n'est pas aussi divertissante que vous l'escomptiez.

MICHAUD. Pourquoi faudrait-il assombrir la dureté de la vie avec des mots encore plus durs ?

SARAH BERNHARDT. Alors, allez écrire de la misère légère. Allez mettre des paroles apaisantes sur le sort du monde. Allez flatter les sens et le bon goût. Allez rendre tout confortable !

MICHAUD, *brisé*. Ce n'est pas ce que je veux faire !

SARAH BERNHARDT. N'êtes-vous, peut-être, à la fin, qu'un jovial prédicateur paroissial ?

MICHAUD, *explosant*. Je ne sais pas ! Je ne sais pas comment donner à chacune des parties une argumentation équitable ! Je ne sais pas comment décrire les motivations de l'agresseur ! Je ne sais pas comment expliquer les failles de la victime ! Un prêtre abuse d'un enfant pendant cinq ans ! Où est la rhétorique ? Où sont les choix ? Dites-moi ? Y a pas de rhétorique ! Y a pas de choix ! JE NE SAIS PAS COMMENT ÉCRIRE LE DÉGOÛT !

SARAH BERNHARDT, *avec énergie*. Laissez votre colère vous guider.

MICHAUD. Quoi ?

SARAH BERNHARDT. Concentrez-vous.

MICHAUD. Me concentrer sur quoi ?

SARAH BERNHARDT. Fermez les yeux.

Michaud ferme les yeux.

MICHAUD. Pourquoi ?

SARAH BERNHARDT. Fermez vos yeux. Que voyez-vous ?

MICHAUD. Je ne vois rien.

SARAH BERNHARDT. Qu'entendez-vous ?

MICHAUD. Rien.

SARAH BERNHARDT. Où êtes-vous ?

MICHAUD. Ici !

SARAH BERNHARDT, *exaspérée*. De grâce ! Y a-t-il un objet ?

MICHAUD. Non.

SARAH BERNHARDT. Une lumière ? Un mouvement ?

MICHAUD. Je ne veux pas aller plus loin.

SARAH BERNHARDT. Une ombre ?

MICHAUD. Vous ne vous rendez pas compte de ce que vous me demandez.

SARAH BERNHARDT. Donnez-moi au moins une odeur. Allez.

MICHAUD, *abdiquant.* Du camphre. Une odeur de camphre.

SARAH BERNHARDT. Et où cette odeur de camphre vous mène-t-elle ?

MICHAUD. Vers une autre odeur.

SARAH BERNHARDT. Poursuivez.

Michaud ouvre les yeux.

MICHAUD, *catégorique.* Une odeur de tabac.

SARAH BERNHARDT. Où êtes-vous ?

MICHAUD. Je suis dans une salle. Une salle toute blanche. Y a un faisceau de lumière qui provient d'une porte entrebâillée. C'est une infirmerie. Il est là. Alité.

SARAH BERNHARDT. Qui est-ce ?

MICHAUD. L'homme avec des yeux de chat. Sur son visage, les blessures de la bagarre. Il me dit de m'avancer. Sa respiration est difficile.

SARAH BERNHARDT. Allez près de lui.

MICHAUD. Je m'avance.

SARAH BERNHARDT. Que vous dit-il ?

Temps.

MICHAUD. Je regrette. Je ne peux pas aller plus loin.

SARAH BERNHARDT. Si près du but?

MICHAUD. Je n'ai pas l'inspiration qu'il faut.

SARAH BERNHARDT. Je ne vous crois pas.

MICHAUD. Je n'ai pas le talent nécessaire.

SARAH BERNHARDT. La peur est l'ennemi du talent.

MICHAUD. Vous n'avez aucune idée du pouvoir auquel il faudrait que je m'attaque.

SARAH BERNHARDT. Si ce n'est que pour l'estime que vous portez à votre ami, vous vous devez d'aller plus loin.

MEYER, *entrant.* Sarah, je n'arrive pas à retenir les journalistes!

SARAH BERNHARDT. Fais-les entrer!

MEYER. T'en es sûre?

SARAH BERNHARDT. J'ai maintenant quelque chose à leur dire.

MEYER, *à Michaud.* Cachez-vous, jeune homme.

SARAH BERNHARDT, *à Michaud.* Non. Restez là.

MEYER, *sortant.* Je vois déjà les grands titres! Je les vois!

SARAH BERNHARDT. Le théâtre, mon ami, exige deux prédispositions; l'une à l'admiration, ce que vous possédez déjà…

MICHAUD. … Et l'autre?

SARAH BERNHARDT. À la révolte! Ce à quoi vous vous refusez et ce à quoi vous venez de me rappeler.

Rumeurs des journalistes qui entrent.

JOURNALISTE 1. Une déclaration, madame Bârnhârdt?

JOURNALISTE 2. Une déclaration!

JOURNALISTE 3. Elle va parler.

JOURNALISTE 1. Taisez-vous!

SARAH BERNHARDT. Depuis mon arrivée dans votre pays, j'ai fait la rencontre des membres de l'élite, des notables, des politiciens et j'ai eu le loisir de constater que vous êtes un pays d'arriérés!

JOURNALISTE 1. Qu'est-ce qu'elle a dit?

SARAH BERNHARDT. Vous marchez à reculons de l'Histoire! Vous n'avez de personnalité que celle que l'Église fixe pour vous. Vous ployez constamment sous le joug clérical qui dicte chacune de vos actions, de vos paroles et de vos pensées. Vous devez à ce clergé ce progrès en arrière qui vous fait ressembler aux pays les plus attardés. Ne cherchez pas pourquoi vous n'avez ni peintres ni sculpteurs. Pourquoi vous n'avez ni littérateurs ni poètes valables. Vous n'osez rien! Vous ne vous révoltez contre rien. Votre agriculture, parce qu'elle pousse, est la seule chose ici qui prospère. Il vous faudra des décennies, voire des siècles, pour rattraper les dommages causés à votre curiosité. Vous êtes un pays où il n'y a pas de vrais hommes qui savent se tenir debout. À vrai dire, vous vivez dans un pays sans hommes.

Lourd silence.

JOURNALISTE 2, *sous le choc.* Rien à ajouter?

JOURNALISTE 3. Vous n'avez pas honte de dire ça? C'est scandaleux!

SARAH BERNHARDT. C'est à la jeunesse étudiante à changer ce monde !

JOURNALISTE 3. Vous êtes une honte !

JOURNALISTE 2. Allez-vous toujours répondre à l'archevêque à la fin de la pièce ?

JOURNALISTES. Madame Bârnhârdt ? Répondez ! Répondez !

Ils disparaissent.

MEYER. Tout le monde dehors ! Dehors.

MICHAUD. Personne n'a jamais osé dire ce que vous venez de dire.

SARAH BERNHARDT. Maintenant, la salle sera pleine !

MICHAUD. Personne n'a jamais osé. Ils vont vous maudire ! Moi, je n'aurai jamais ce courage !

SARAH BERNHARDT. Le plus grand danger de la soumission, c'est lorsqu'elle devient une habitude, sans même qu'on s'en rende compte. Alors, la résignation devient un fait accompli. La conscience s'obscurcit et on commence lentement à mourir. Meyer, fais préparer les voitures.

MEYER. Nous nous rendons toujours en usine ?

SARAH BERNHARDT. Oui, plus que jamais.

MEYER, *abdiquant.* Je fais préparer les voitures.

SARAH BERNHARDT. Je dois me changer. Dis à Madeleine de venir m'aider. *(Meyer sort.)* Je n'ai aucune idée de ce qu'il faut porter pour une visite en usine. *(À Michaud :)* Jeune homme, vous me rendez vivante.

7. LA TRAPPE

Dortoir. À l'usine. Les femmes se lavent à même des seaux d'eau. Le patron, en habit de soirée et chapeau en main, tient une immense gerbe de fleurs rares.

LE PATRON. «Comment allez-vous, mesdames?»

OUVRIÈRES, *récitant une formule apprise.* «Très bien, madame Bârnhârdt.»

LE PATRON. «Comment sont vos conditions de travail?»

OUVRIÈRES. «Excellentes, madame Bârnhârdt.»

LE PATRON. «Aimez-vous votre travail?»

OUVRIÈRES. «Nous sommes une grande famille! Une grande famille!»

LE PATRON. «Aimez-vous travailler dans cette usine?»

OUVRIÈRES. «Le bonheur! Le bonheur, madame Bârnhârdt!»

LE PATRON. Frottez!

OUVRIÈRES. On frotte!

LE PATRON. Les bras!

OUVRIÈRES. Les bras, boss.

LE PATRON. La face!

OUVRIÈRES. La face, boss.

LE PATRON. J'vous veux propres comme un matin de noces. *(Il reprend.)* «Comment allez-vous?»

OUVRIÈRES. «Très bien, madame Bârnhârdt.»

LE PATRON. Plusse de nerf! «Comment sont vos conditions de travail?»

OUVRIÈRES. «Excellentes, madame Bârnhârdt.»

Léo entre, l'air sombre.

LE PATRON, *à madame Talbot.* Que c'est que vot' flo fait encore icitte? J'avais dit de mettre toué z'enfants dans les caches.

LÉO. Y viennent de retrouver la tête. *(Temps.)* La tête de vot' nièce, madame Francœur.

Emma Francœur se signe. Les autres ouvrières l'imitent.

EMMA FRANCŒUR. Mon Dieu!

LÉO. … Dans une des machines.

LE PATRON. Comme si j'avais besoin de ça aujour-d'hui!

MADAME TALBOT, *à Léo.* Tu l'as-t'y vue? *(Temps.)* Dis-moé si tu l'as vue?

LÉO. Oui.

MADAME TALBOT. Pense à des belles images, mon bebé! Juste à des belles images.

EMMA FRANCŒUR, *au patron.* J'peux aller la chercher?

LE PATRON. Quoi?

EMMA FRANCŒUR. La tête.

LE PATRON. La Bârhârdt va arriver.

EMMA FRANCŒUR, *insistante.* Laissez-moé y aller.

LE PATRON. Pour quoi faire?

EMMA FRANCŒUR. C'est ma nièce!

LE PATRON. Je veux pas vous voir vous promener avec ça.

EMMA FRANCŒUR. Pardon?

LE PATRON. Ça me tente pas que tout l'monde vous prenne en pitié. Ça me tente pas que vous leu faisiez accroire que tout ça, c'est de ma faute. Ça me tente pas qu'y finissent toutes par être du bord de vos idées.

EMMA FRANCŒUR. Vous êtes sérieux?

LE PATRON. Pis voulez-vous savoir le fond de ma pensée? Voulez-vous le savoir?

EMMA FRANCŒUR. Que je le veuille ou pas, j'pense que j'vas finir de toute façon par le savoir, le fond de vot' pensée.

LE PATRON. C't'un maudit bel adon qu'on trouve la tête juste avant que la Bârnhârdt pis ses journalistes arrivent icitte.

EMMA FRANCŒUR. C'est vraiment à ça que vous pensez?

LE PATRON. Qui me dit que vous la gardiez pas pour le bon moment?

EMMA FRANCŒUR. C'est la tête de la fille de mon frére, bonyeu!

LE PATRON. Vous la prendrez en rentrant chez vous à soir. C'est toute! On r'commence. «Comment allez-vous?»

OUVRIÈRES, *sans enthousiasme.* « Très bien, madame Bârnhârdt. »

LE PATRON. « Comment sont vos conditions de travail ? »

OUVRIÈRES. « Excellentes, madame Bârnhârdt ! »

LE PATRON, *à Léo.* J'haïrais pas ça, une p'tite farce ! Juste une p'tite pour détendre l'atmosphère ! *(Temps.)* Léo !

LÉO. Y m'en vient pas !

MADAME TALBOT. Racontes-y celle du gars qui travaille à bâtir une grande maison avec plein d'étages. *(Temps.)* Tu sais, celui-là qui tombe du premier étage. *(Temps.)* Racontes-y ! *(Temps.)* Tu sais, ses chums, tout énarvés, le ramassent pis y en a un qui y offre un peu d'eau ? Le gars y dit : quoi, juste de l'eau ? Dis-y la fin !

LE PATRON. Eille, le flo, faut-y que je te rappelle qui j'suis ?

LÉO, *sombre.* J'le sais qui vous êtes.

LE PATRON. Faut-y que je te rappelle oùsqu'est la porte ?

LÉO. Je l'sais oùsqu'elle est la porte.

MADAME TALBOT. Dis-y juste la fin, bonyeu !

LE PATRON. As-tu vu à quoi ça ressemble dehors ?

LÉO, *amer.* J'le sais à quoi ça ressemble dehors. Pis j'le sais aussi à quoi ça ressemble en dedans.

LE PATRON. J'veux pus y voir la face.

MADAME TALBOT, *désespérée.* « Rien que de l'eau ? De quel étage fallait que je tombe pour d'la biére ! » Gardez-le, boss.

LE PATRON. Dehors, j'ai dit!

THÉRÈSE DESNOYERS, *regardant au loin.* Boss! On a de la visite.

LE PATRON. L'actrice?

THÉRÈSE DESNOYERS. Non. Un prêtre!

LE PATRON. Goddamn! Pas besoin d'un sermon aujourd'hui. Cachez-moé le p'tit!

LÉO. J'retourne pas là-dedans.

LE PATRON. Quoi?

LÉO. J'y retourne pas.

LE PATRON. Dans l'trou!

LÉO. NON!

LE PATRON. Dans l'trou ou ben je sacre ta mére dehors itou.

MADAME TALBOT. Fais c'qu'y dit.

LÉO, *effrayé.* Vous allez encore oublier de cogner quand y vont partir.

EMMA FRANCŒUR. On oubliera pas.

THÉRÈSE DESNOYERS. On te le promet.

Léo disparaît dans la cache. Casgrain entre. Ils se signent tous.

CASGRAIN. Bonjour, mesdames. *(Au patron :)* Monsieur. Je suis le frère Casgrain. Je suis du Grand Séminaire.

LE PATRON. Du Grand Séminaire! Wow! Toute qu'un honneur! Y en a des plus célèbres que vous pis qui prennent le temps d'annoncer leu visite.

CASGRAIN. Oui, j'ai vu l'attroupement devant votre usine.

LE PATRON. C'est quoi, l'honneur de vot' sainte apparition ?

CASGRAIN. J'aimerais parler à madame Talbot. On m'a dit que je la trouverais à cet étage.

MADAME TALBOT. Vous avez des problèmes avec mon gars ?

CASGRAIN. Bonjour, madame.

LE PATRON. Pensiez pas que ça pouvait attendre un peu ?

CASGRAIN. Je cherche votre autre garçon, celui qui travaille ici. Celui qui est trop jeune pour travailler ici.

LE PATRON. Si y est trop jeune pour travailler icitte, c'est qu'y est pas icitte.

MADAME TALBOT. Y est pas icitte.

LE PATRON, *les interrompant sèchement.* Là, j'ai une Divine qui s'en vient avec toute son cirque ! Ça fait que, malgré toute le respect que je vous dois, vous allez me faire le plaisir de sortir de ma shop pis de revenir une autre fois.

CASGRAIN. J'ai su que votre « shop » était en deuil.

THÉRÈSE DESNOYERS. Madame Francœur a perdu deux de ses nièces.

LE PATRON. 'Étaient venues faire une p'tite visite à leu tante. *(Il prend Emma Francœur à témoin.)* Madame Francœur ?

EMMA FRANCŒUR, *à contrecœur.* C'est ça. Une p'tite visite.

LE PATRON. Votre archevêque a béni lui-même not' manufacture. Les deux p'tites sont mortes dans un lieu chrétien. Là, elles sont sûrement en train de danser avec les anges.

CASGRAIN. L'Église ne se contente plus de bénir les usines, monsieur. Elle se préoccupe maintenant de savoir ce qui s'y passe. Je n'arrive pas à m'imaginer l'impact d'une mauvaise publicité si une célèbre actrice apprenait ce qui se passe ici.

LE PATRON. C'est une menace?

Casgrain s'approche du patron.

CASGRAIN, *frondeur.* Oui. Je le confesserai. Est-ce que j'éprouve du plaisir à vous faire cette menace? Oui. Je le confesserai également. *(Avec force.)* Où est Léo Talbot?

THÉRÈSE DESNOYERS. Boss! Elle arrive.

MEYER, *entrant.* Prends garde où tu mets les pieds.

Sarah, vêtue de vêtements blanc crème, entre avec Michaud. Elle est suivie de Madeleine, qui tient les bottes rouges.

MEYER, *à Sarah.* Prends garde! *(Ironique.)* Tu n'avais vraiment rien de plus pâle à te mettre sur le dos?

Les ouvrières se regroupent, comme pour former un comité d'accueil.

LE PATRON, *applaudissant.* Quel honneur! Quel honneur!

Les femmes applaudissent.

THÉRÈSE DESNOYERS, *à Sarah.* Vous êtes tellement... tellement belle.

MEYER. Elle sait. Nous savons.

THÉRÈSE DESNOYERS. Moé, en sortant d'icitte, j'cours m'acheter du gras de beu.

MEYER, *à Sarah.* Ton manteau!

LE PATRON, *offrant les fleurs à Sarah.* Sârâh Bârnhârdt dans mon humble usine!

SARAH BERNHARDT, *donnant la leçon.* Je n'arrive pas à figurer comment on peut associer «usine» et «humilité»? «Mon humble demeure», «mon humble personne», mais l'idée de lier «usine» et «humilité» m'apparaît contre-indiquée. Je crois qu'il faudrait dire «mon humble usine» avec une pointe de fausse modestie. En mettant une emphase narquoise sur «humble» ou encore…

MEYER, *coupant court.* Elle est ravie d'être ici.

Sarah confie les fleurs à Meyer.

CASGRAIN, *saluant Sarah.* Madame.

SARAH BERNHARDT. C'est fou ce qu'il y a de prêtres en ce pays. Cela doit nuire à votre économie? L'abbé? Mon frère? Excellence? Votre Sainteté? On en vient à ne plus savoir comment vous appeler.

CASGRAIN. Frère Casgrain.

SARAH BERNHARDT. Votre humble servante.

CASGRAIN. Comment se nomme le jeune homme qui vous accompagne?

SARAH BERNHARDT. Je vous présente monsieur Michaud. Il veut devenir auteur.

CASGRAIN. Michaud?

MICHAUD, *mal à l'aise.* C'est ça.

CASGRAIN. Vous me rappelez un autre jeune homme, un jeune homme qui devrait être en ce moment en train de se consacrer à la préparation de son sacerdoce.

MICHAUD. Saluez-le de ma part.

SARAH BERNHARDT. Il va écrire une pièce sur votre dure réalité, mesdames.

LE PATRON. Des chaises! Apportez des chaises.

MEYER, *à Sarah*. Prends garde à ton manteau!

LE PATRON. Des chaises.

MEYER, *au sujet du manteau*. C'est un Jacques Doucet.

LE PATRON. Des chaises pour toute la compagnie.

OUVRIÈRES. Une là. Une ici. Des chaises!

Les femmes apportent leurs chaises de travail, les placent sur le couvert de la trappe et retournent travailler. Sarah et le patron s'assoient.

LE PATRON. «Comment allez-vous, mesdames?»

OUVRIÈRES, *récitant une formule apprise*. «Très bien, madame Bârnhârdt.»

LE PATRON. «Comment sont vos conditions de travail?»

OUVRIÈRES. «Excellentes, madame Bârnhârdt.»

LE PATRON. «Aimez-vous votre travail?»

OUVRIÈRES. «Nous sommes une grande famille! Une grande famille!»

LE PATRON. «Aimez-vous travailler dans cette usine?»

OUVRIÈRES. «Le bonheur! Le bonheur, madame Bârnhârdt!»

SARAH BERNHARDT, *ironique*. Ciel, je n'ai même plus à poser de questions pour qu'on me réponde.

On entend frapper depuis la cache.

LE PATRON. Un marteleur. Un marteleur de semelles. L'étage d'en d'ssous. *(Il joue avec son haut-de-forme rétractable.)* Chapeau claque! C'est tout nouveau. *(Il joue avec le chapeau.)* Hop, ouvert! Hop, fermé! Hop, ouvert! Hop, fermé! Ouvert! Ouvert! Fermé!

MICHAUD. Sarah, laissez-moi vous présenter madame Talbot.

MADAME TALBOT. Moé?

SARAH BERNHARDT, *saluant madame Talbot*. Madame!

MICHAUD. Une femme dévouée à ses enfants.

MADAME TALBOT. Faut c'qu'y faut.

MICHAUD. Généreuse. Ferme!

SARAH BERNHARDT. Remarquez son dos voûté comme affublé d'un poids constant.

MICHAUD. Et la rigidité du haut de sa colonne certainement due à tous ces gestes répétitifs.

SARAH BERNHARDT. Et ce regard inquiet. Madame Talbot, combien d'heures travaillez-vous ici?

MADAME TALBOT. Ça dépend.

SARAH BERNHARDT. De quoi sont faites vos pensées lorsque vous répétez les mêmes gestes des milliers de fois?

MADAME TALBOT. Euh…

SARAH BERNHARDT. Vous avez des enfants à la maison?

MADAME TALBOT. Quatre, madame.

SARAH BERNHARDT. Qui s'occupe d'eux lorsque vous êtes ici?

MADAME TALBOT. Eux autres tout seuls, madame.

SARAH BERNHARDT. Avez-vous un peu de temps pour vous?

MADAME TALBOT. Pour moé?

SARAH BERNHARDT. De quoi sont tissés vos rêves?

MADAME TALBOT, *à Sarah.* Des rêves? *(Temps.)* Prendriez-vous du thé?

SARAH BERNHARDT. Quelle gentillesse! *(Elle prend un ton déclamatoire.)* Je viens tout juste de traverser…

MADELEINE. Comme ça, c'est vous, le propriétaire de l'usine?

SARAH BERNHARDT. Je viens tout juste…

MADELEINE, *une paire de bottes noires entre les mains.* Vous pouvez me faire un bon prix pour ces bottes? J'aime beaucoup le modèle avec les longues rangées de boutons.

Temps.

SARAH BERNHARDT. Je disais donc…

MADELEINE. J'en prendrais deux paires.

SARAH BERNHARDT. Donc, j'essaie de vous dire que je viens de traverser votre humble usine, et ce, juste avant de monter sur scène, et force m'est de reconnaître le sacrifice de toutes ces femmes. Venez près de moi, madame Talbot.

Madame Talbot remet un pot de thé à Sarah.

SARAH BERNHARDT, *touchée*. Oh! Merci. *(Elle porte un toast.)* C'est à vous toutes, travailleuses de l'ombre, ainsi qu'à vous, madame Talbot, qu'ultimement mes remerciements s'adressent pour ces bottes. Et en votre honneur, je les porterai sur scène ce soir.

MEYER. Nous mettrons le nom de votre manufacture juste après celui de l'auteur.

LE PATRON. Si j'fournis toute la troupe?

MEYER. Juste avant l'auteur.

On entend encore frapper depuis la cache.

CASGRAIN. Madame Bernhardt, vous pourriez aussi dédier votre spectacle à ceux qui sont morts ici.

SARAH BERNHARDT. Vous avez dit « morts ici »?

LE PATRON. Laissez-le pas assombrir vot' belle visite.

CASGRAIN, *au patron*. Elle vous a demandé qui est mort ici. On vous écoute. À moins que vous n'ayez pas le courage de raconter?

LE PATRON. Êtes-vous en train de m'insulter devant la Divine?

CASGRAIN. Je ne crois pas qu'elle s'en offusque. Elle doit même apprécier mon audace parce qu'il lui en a fallu une bonne dose pour insulter mon peuple et mon Église comme elle l'a fait aujourd'hui!

MEYER, *offusqué*. Monsieur, savez-vous à qui vous parlez?

SARAH BERNHARDT. Poursuivez, mon frère.

CASGRAIN, *à Sarah*. Ce soir, comme récompense, elle fera face à une salle vide.

MEYER. J'ai le regret de vous informer, mon frère, que les commentaires de madame Bernhardt sur votre clergé ont tellement excité le beau monde de votre ville qu'ils ont tous décidé de racheter leur place. Mais, consolez-vous : ils ont tous été sévèrement punis parce qu'on a doublé le prix du rachat des billets.

CASGRAIN, *à Michaud.* Prenez des notes, monsieur l'auteur. Le public de madame Bernhardt est tissé de cette race d'hommes ! D'individus qui usent de l'argent soutiré de l'effort des pauvres pour soulager leur conscience en assistant à des drames d'injustices exacerbées !

MEYER, *à Sarah.* Nous devrions partir.

SARAH BERNHARDT. Poursuivez, mon frère.

CASGRAIN. Je connais leurs confessions, les plus sincères comme les plus intimes, mais jamais l'une d'entre elles n'exprime quelque remords pour les souffrances causées aux victimes de leur exploitation. À quand une pièce sur ces deux petites filles mortes ici, décapitées, parce que leurs cheveux étaient trop longs et la machine trop gourmande ? À quand ?

SARAH BERNHARDT, *terrifiée.* Des enfants sont morts ici ?

LE PATRON. Juste deux !

EMMA FRANCŒUR. Cinq en quatorze mois.

SARAH BERNHARDT. Mais que diable ces enfants faisaient-ils ici ?

CASGRAIN. Ils y travaillaient. Dans des conditions d'esclaves.

LE PATRON. Écoutez-le pas !

EMMA FRANCŒUR. Pis moé, j'connais une tête qu'y aurait ben des affaires à dire si elle pouvait encore parler.

LE PATRON. Blâmez les parents qui nous supplient de les prendre, pas les patrons.

CASGRAIN. Dieu a fait de l'enfant le symbole de la pureté.

LE PATRON. C'est ça.

CASGRAIN. Nous nous devons, en toutes circonstances, de les épargner.

LE PATRON. Amen! Amen!

CASGRAIN. Nous nous devons de ne pas les blesser par nos actions ou par nos paroles.

LE PATRON. Alléluia!

CASGRAIN. Nous nous devons à la pureté de leur esprit et à leur intégrité physique.

LE PATRON. Descendez donc de vos saints principes! Vous êtes-vous déjà demandé, une seule fois dans vot' pieuse de vie, c'étaient qui les p'tites mains du Sud qui ramassaient la mélasse pour vos desserts? C'est qui les p'tites mains d'Orient qui tissent les tapis pour vos presbytères? Les p'tites mains d'Afrique qui sortaient l'or des mines pour vos parures d'églises? J'continue? Prenez des notes, l'auteur! L'homme profite de l'homme. L'homme profite des femmes… Pis pour les enfants, tout le monde le sait, mais tout le monde fait semblant que ça existe pas.

SARAH BERNHARDT, *se levant, au patron.* Je vous redonne vos bottes. Elles sont d'un rouge insoutenable.

110

LE PATRON, *brutal.* Merci de vot' belle visite !

SARAH BERNHARDT. Michaud, je compte sur vous pour raconter tout ce qui se passe ici !

LE PATRON. Quand vous aurez réussi à faire sortir toué z'enfants de ma shop, d'autres vont pas se gêner pour les reprendre. Allez-y, l'auteur ! Allez raconter c'qui se passe icitte ! Faites sortir toué z'enfants des usines d'icitte, d'autres, dans d'autres villes, dans d'autres pays, vont pas se gêner pour en engager. Pis icitte, madame, ça va être encore plusse de misère. *(À Madeleine :)* Tantôt, vous vouliez un bon prix pour vos bottines ?

MADELEINE. Oui.

LE PATRON. Quand une belle femme veut des belles bottes, elle cherche pas à savoir qui les a faites, si le travailleur a mangé ou pas, si y a communié ou pas, elle cherche encore moins à savoir quel âge y avait. Non ! Elle veut juste des belles bottes, le moins cher possible. Pis elle se demande surtout pas comment on en arrive à faire des bottes à c'te prix-là ! Quelle couleur vous les voulez vos bottes, mademoiselle ?

MADELEINE, *mal à l'aise.* Je ne sais plus.

LE PATRON. Combien de boutons ?

MADELEINE. Je ne sais plus.

LE PATRON. Vous chaussez du combien ?

MADELEINE. Je vais pleurer, monsieur.

LE PATRON, *emporté, aux travailleuses.* « Comment allez-vous ? »

OUVRIÈRES. « Très bien, madame Bârnhârdt. »

MEYER. Tu rentres bientôt en scène.

LE PATRON. « Comment sont vos conditions de travail ? »

SARAH BERNHARDT. « Excellentes ! Excellentes ! » Nous savons !

MEYER. Sarah Bernhardt n'est jamais venue ici. Soyons tous d'accord !

SARAH BERNHARDT. Quoi ?

MEYER, *autoritaire.* Tu te rends compte de la situation ?

SARAH BERNHARDT. Parfaitement !

MEYER. Essaie de me rejoindre deux secondes dans la réalité. Tu n'as pas les moyens de te mettre à dos ton public, encore moins tes mécènes !

SARAH BERNHARDT. Des enfants vont encore mourir dans cet enfer et on va rester là, les bras croisés ?

CASGRAIN. Je veux voir Léo Talbot !

LE PATRON. On vous a déjà dit…

CASGRAIN. Tout de suite !

MADAME TALBOT. Pourquoi vous voulez le voir ?

CASGRAIN. Parce qu'on pourrait lui éviter le même sort qu'aux autres !

MADAME TALBOT. Vous débarquez icitte, sans avertir, pis vous cherchez juste mon garçon. C'est quoi, la raison ?

CASGRAIN. L'avenir du monde, c'est un enfant dans une école.

MADAME TALBOT. Ben, dans mon avenir à moé, y a pas d'argent pour deux gars en pension.

CASGRAIN. On se charge de tout! Pour vos deux fils!

Temps.

MADAME TALBOT. Si j'ai vot' parole?

CASGRAIN. Vous avez ma parole.

MADAME TALBOT. Cherchez-le plus; y est dans' cache.

CASGRAIN. Où?

Emma pousse courageusement tout le monde et dégage avec force la trappe des chaises.

LE PATRON. Mêlez-vous de vos affaires!

Emma frappe les trois coups.

EMMA FRANCŒUR. Léo, sors! *(Rien ne se passe. Elle ouvre la trappe. Horrifiée.)* Non!

Michaud s'avance au-dessus de la trappe.

MICHAUD. Dieu! *(À cause de l'odeur, il met un mouchoir sur sa bouche.)* Restez où vous êtes, madame Talbot. Restez là.

Madame Talbot s'effondre. Michaud descend dans la cache.

8. TROIS CHOIX

Dortoir. Talbot, en bras de chemise, est couché sur le sol, front contre terre, les bras en croix.

TALBOT. « Je fais le vœu de pauvreté. Je fais la promesse solennelle, devant Dieu et devant les hommes, de renoncer à la possession des biens matériels pour me livrer entièrement à la recherche de Dieu. » *(Michaud, vêtu de son manteau d'hiver, l'air grave, entre.)* « Je fais le vœu de chasteté. Je fais la promesse solennelle, devant Dieu et devant les hommes, de ne pas utiliser ma fonction pour satisfaire mes propres désirs d'orgueil ou de toute autre nature. Je fais le vœu d'obéissance. »

MICHAUD. Je suis désolé pour ton frère.

Temps.

TALBOT. J'ai droit à une sortie pour ses funérailles.

MICHAUD. Tu veux que je t'aide ?

TALBOT. Pour quoi faire ?

MICHAUD. Pour ta valise. Tu veux que je t'aide ?

TALBOT. Non.

MICHAUD. Tu veux ton blazer noir ? Ta chemise empesée ?

TALBOT, *se relevant.* Je vais prendre juste ma soutane.

Temps.

MICHAUD. Tu penses encore devenir prêtre ?

TALBOT. Tu peux me dire c'que je fais ici si je veux pas devenir prêtre ? Mais j'imagine que ton héros, celui dans ton cahier, j'imagine qu'y voit les choses d'une autre manière. « Mieux vaut écouter la semonce du sage qu'écouter le chant du fou. » Ecclésiaste, chapitre sept, verset cinq.

MICHAUD. Tu sais, aujourd'hui, j'ai compris que tout était relié. J'ai compris que la misère, ça engendre juste la misère.

TALBOT. T'as compris ça aujourd'hui ? Y a de l'espoir.

MICHAUD. Aujourd'hui, je me suis dit que je pouvais peut-être faire quelque chose, arrêter quelque chose… C'est là que j'ai décidé d'arrêter quelque chose.

TALBOT. Dans ta tête, tu peux refaire le monde comme tu veux, Michaud. J'ai hâte de lire comment tu vas écrire la mort de Léo. Y va descendre un grand escalier avec des gestes larges ? Hein ? Y va dire des grandes phrases larmoyantes avec des « Adieu ! Adieu ! » ? Y va y avoir des applaudissements ? Dans ta pièce, Léo, il va adorrrrer mourrrrir ?

MICHAUD. Non. Y aura juste un trou noir qui empestera le poison. Y aura du sang dans sa bouche, dans ses yeux aussi. Y aura le bruit de ses poings qui frappent, qui frappent, qui frappent pour qu'on le sorte de là. Puis, au-dessus de lui, sur la trappe, pendant qu'il va mourir, y aura des gens qui vont parler, parler du sort des enfants.

TALBOT. Moi qui comptais sur toi pour me rendre ça acceptable. *(Il frappe contre un mur. Entre ses dents.)* Parce que là, c'est pas acceptable! Pas acceptable du tout!

MICHAUD. Tout à l'heure, je suis allé voir ton prêtre à l'infirmerie. Je suis allé lui parler.

TALBOT, *l'empoignant par la gorge.* De quoi tu te mêles?

MICHAUD. Il le fallait.

TALBOT. Qu'est-ce qu'y t'a dit? Réponds! Réponds!

Casgrain, vêtu de son manteau, entre.

CASGRAIN. Talbot! *(Talbot libère Michaud.)* Vous avez une visite.

Madame Talbot entre avec un sac à l'épaule et les bottes de Léo dans les mains.

MICHAUD, *à madame Talbot, lui indiquant un lit.* Assoyez-vous sur le lit. Je vous en prie. Assoyez-vous.

MADAME TALBOT, *restant debout.* Son cousin y a encore passé son suit. C'te fois-citte, y va y passer pour un maudit boute. *(Temps.)* J'ai essayé de me souvenir d'une de ses farces. Tu sais, celle-là avec le Bon Dieu pis l'éternité… Y avait un pauvre qui voulait emprunter une piastre au Bon Dieu, pis le Bon Dieu y disait d'attendre… Attends, c'était mieux conté que ça. Le Bon Dieu y disait… Y saignait du nez pis j'y disais… J'y disais que t'allais nous apporter le bonheur pis le repos. Ouais, du repos. J'y disais qu'y fallait juste endurer encore un peu. *(Temps. Talbot prend les bottes de Léo et tente de les réchauffer.)* La nuitte dernière, je t'ai entendu rire, mon garçon. Ça faisait longtemps que je t'avais pas entendu rire. Je me disais: j'suis heureuse, j'entends rire mon gars. Je me suis levée en pensant

116

que je devais rêver. Je me suis levée en suivant ton rire. Ça venait de dehors. Ça venait de la maison de la Chinoise. Ton rire venait de la maison des enfers. J'essayais de me réveiller d'un rêve qui existait pas. Ton p'tit frère avait raison : tu nous as apporté juste du malheur. *(Elle vide son sac et ce qui reste de l'argenterie tombe avec fracas par terre. Elle désigne Casgrain à son fils.)* Dis-y que c'est toé. Dis-y ou ben j'sus pus ta mére.

TALBOT, *calmement.* Oui. J'ai volé l'argenterie !

MICHAUD. Tu sais que c'est pas vrai !

CASGRAIN. Et le prêtre vous a surpris ?

TALBOT. Oui, le prêtre m'a surpris.

MICHAUD. C'est faux !

CASGRAIN, *à Michaud.* Taisez-vous ! *(À Talbot :)* Il a menacé de vous dénoncer ?

TALBOT. Oui. Pis on s'est battus. C'est ça.

CASGRAIN. Vous répéterez tout cela devant la police ?

TALBOT. Pareil comme je viens de vous le dire.

CASGRAIN, *se signant.* Ad majorem Dei gloriam ! *(Talbot ramasse les ustensiles un à un.)* Soyez assurée, madame, qu'il va nous faire un bon prêtre.

MADAME TALBOT. Vous le punirez pas ?

CASGRAIN. Léo aura de belles funérailles. Nous nous en chargerons.

MADAME TALBOT. Vous êtes trop bon. Trop bon. *(Casgrain redonne les ustensiles à madame Talbot, à l'étonnement de celle-ci, qui finalement les range dans son baluchon. Temps.)* Monsieur Michaud, savez-vous ce que les riches pensent des pauvres ?

MICHAUD. Non.

MADAME TALBOT. Y pensent que pour la misére, on le fait par exprès! Vous écrirez ça dans vot' pièce. Y pensent qu'on le fait par exprès. *(À Talbot :)* Viens, tes fréres pis tes sœurs t'attendent.

Madame Talbot sort. Talbot prend sa valise, la dépose sur un lit, l'ouvre et y place quelques vêtements. Michaud ouvre son cahier.

MICHAUD. «Une odeur de camphre. La lueur d'une porte entrebâillée éclaire la pièce. Le souffle souffreteux de l'alité ponctue le silence. Mes pas sont trahis par le crissement de mes souliers sur le parquet trop verni. Je le fixe du regard. Un chapelet s'égrène entre ses doigts blessés. Je vous salue, Marie… Et il râle. Je vous salue, Marie, pleine de râles. Son nez brisé, sa joue enflée. À son tour, il me fixe. Il sait pourquoi je suis là. Sa langue sèche se délie.» *(Il sort une lettre glissée entre les pages de son cahier.)* Voici les aveux signés de sa main. Il y confesse tout ce qu'il t'a fait. *(À Talbot :)* Maintenant, mon héros est face à trois choix. Il remet la lettre aux autorités et il y aura l'étrange justice des hommes, celle qui condamne le criminel et qui entache à tout jamais sa victime. *(Temps.)* Il la remet à sa mère et ils partagent ensemble la peine et la consolation. Ou il la déchire et il garde son secret à jamais. À lui maintenant de choisir les conséquences.

Michaud remet la lettre à Talbot.

TALBOT. Je m'appelle Joseph Talbot. Je vais devenir prêtre dans une paroisse sur le bord du fleuve.

Sans lire la lettre, il la déchire et sort.

CASGRAIN. Dieu soit loué. C'est terminé.

Michaud ramasse les fragments de la lettre et la récite par cœur.

MICHAUD. « Excellence. Vous trouverez jointe à cette lettre la liste des noms des jeunes pensionnaires dont j'ai eu la charge à différentes époques de ma carrière et que j'ai assujettis à mes plus vils instincts en abusant de mon autorité. Je vous demande de m'exclure de mon ordre et de remettre ma lettre et cette liste aux autorités civiles afin de me soumettre à la justice des hommes. »

CASGRAIN. Le nom de Talbot figure sur la liste ?

MICHAUD. Oui. Joseph Talbot. *(Il met son manteau d'hiver et prend sa soutane.)* Ce soir, je vais porter ce costume pour la dernière fois.

CASGRAIN. Si vous vous rendez au théâtre ce soir, vous ne remettrez plus jamais les pieds ici. Sachez qu'il n'y aura aucun autre lieu d'enseignement qui vous accueillera. J'y veillerai personnellement. Vous m'avez entendu ? Un feu de paille. La visite de cette actrice, c'est un feu de paille ! Dès qu'elle aura quitté la ville, la noirceur va se rabattre avec plus de force. Maintenant qu'elle vous a donné des yeux pour voir ce qui se passe, un cœur pour ressentir, qu'allez-vous faire ? Elle a raison sur ce qui se passe ici. Dehors, il n'y a que l'ignorance, la grossièreté, les petites combines ! Il n'y a que des porteurs d'eau, que des respirateurs de fumée, des lanceurs de merde, des yeux pâles aux mains froides. Le jour, ils se terrent dans des boutiques noires, dans des usines sales. Le soir, ils cuvent leur vinasse en maudissant Dieu, la nuit, ils rêvent du diable et des dimanches, où ils se font grenouilles de bénitiers. Vous pensez changer ça ? Vraiment ? Vous pensez faire de belles phrases révolutionnaires qui vous feront croire que l'armée libératrice est en marche, qu'elle va défoncer toutes les portes en agitant des bannières de soie, en criant des slogans rassembleurs? On ne change pas le monde, Michaud. Il n'y a aucune façon de le changer. Une force plus puissante que nous s'occupe de le changer. Cette force décide de tout. Décide de notre façon de vivre, de nous nourrir, de nous comporter, de penser. Elle décide qui on va aimer, même la façon dont on va mourir. Et cette force est omniprésente, complexe. Elle n'a pas de visage, pas de nom, pas de responsable. Elle fait que tout est immuable. Elle nous rappelle les limites de chacune de nos décisions. Elle nous rappelle notre impuissance. Elle se sert de l'amour. Elle se sert de nos goûts, de nos sens, de nos faiblesses. Elle use de notre désintérêt dans le Savoir. Elle se sert de nos rancœurs tout comme de nos aspirations. Allez relire l'Histoire du monde, lisez tous les livres interdits, cette force perpétuelle, inextricable, fabrique nos illusions, manipule nos espoirs. Cette force s'appelle le pouvoir et il ne sert à rien de se sacrifier bêtement contre lui. Il sera toujours là. Nous le remplacerons toujours par un autre. Au nom d'un Dieu, au nom d'un roi, au nom de l'appel de la race, du droit à la richesse, du droit au bonheur, au confort. Votre théâtre, Michaud, est aussi bénin qu'un sermon à la messe. *(Il s'approche trop près de Michaud.)* Trouvez votre bonheur dans la soumission. Soumettez-vous avec talent. Trouvez vos intérêts dans la servitude. Servez-vous de votre intelligence pour vous élever aux côtés du maître sans jamais le contester. Rappelez-lui, à chacune de vos respirations, que vous êtes heureux d'être son sujet. Restez. Restez avec moi!

MICHAUD. C'était qui, celui qui avait mon insolence? Celui qui était curieux? Celui qui était imaginatif?

Celui qui croyait en la justice? *(Temps.)* C'était vous, n'est-ce pas? *(Temps.)* Votre nom est sur sa liste. *(Temps.)* Le premier sur sa liste. Il m'a dit avoir abusé de vous pendant trois ans. Je suis désolé. *(Silence. Il désigne les fragments de la lettre.)* La lettre.

CASGRAIN. Quoi, la lettre?

MICHAUD. Je l'ai copiée. J'ai donné l'original à la police… avec la liste des noms. La révolte ne sert à rien, mon frère, s'il n'y a pas de justice.

Cloche du séminaire.

CASGRAIN, *livide.* C'est la messe. C'est la cloche pour la messe. Vous entendez?

9. ÉPILOGUE

Le dortoir est la scène et la coulisse du théâtre. Madeleine et Sarah jouent dans la représentation d'Adrienne Lecouvreur *d'Eugène Scribe.*

MADELEINE, *au sol, près de Sarah.* «Fleur d'un jour, hier si éclatante, aujourd'hui flétrie, toi qui auras duré moins longtemps qu'une promesse. Je cherche en vain la trace des baisers! Que celui-ci soit le dernier que tu recevras!»

SARAH BERNHARDT, *jouant l'agonie.* «La vie! Vains efforts! Vaines prières! Mes jours sont comptés. Je sens les forces et l'existence qui m'échappent! Ne me quitte pas. Bientôt mes yeux ne te verront plus… bientôt ma main ne pourra plus presser la tienne. Parle encore! Parle encore!»

MADELEINE, *jouant.* «Elle est morte, la petite chérie.»

SARAH BERNHARDT, *improvisant.* Non, pas tout à fait.

MADELEINE, *improvisant avec réticence.* Autre chose?

SARAH BERNHARDT, *improvisant.* Oui.

MADELEINE, *improvisant.* Elle veut dire autre chose?

SARAH BERNHARDT, *improvisant.* Je crois bien que j'ai encore quelque chose à dire à quelqu'un.

MEYER, *en coulisse.* Sapristi! C'est quoi, ce texte?

SARAH BERNHARDT, *improvisant.* Mon père, sortez de l'ombre!

Michaud entre sur scène, en soutane.

MEYER. Et lui, qu'est-ce qu'il fait là? D'où sort-il?

MICHAUD, *jouant le prêtre.* « Ma fille! Avant de mourir, vous vous devez de renier votre profession. »

SARAH BERNHARDT, *à Michaud, improvisant.* Mon père, face publique!

MICHAUD, *jouant le prêtre, face au public.* « Reniez votre profession! »

MEYER, *en coulisse.* Elle est morte. Elle est morte, bordel! Rideau!

SARAH BERNHARDT, *directement au public, improvisant.* Vous voudriez que je renie ma profession d'artiste?

MICHAUD, *jouant le prêtre.* « Oui, ma fille. »

MEYER. Ciel, elle va s'adresser à l'archevêque!

SARAH BERNHARDT, *improvisant.* Vous voulez que je jette aux quatre vents toutes ces divines émotions dont j'ai vécu? Moi, une des prêtresses de cet art, vous voulez que je le renie?

MICHAUD, *jouant le prêtre.* « Reniez! »

SARAH BERNHARDT. Mais le connaissez-vous vraiment, cet art que vous maudissez? C'est le complément de l'histoire et de la philosophie, de la politique et de la justice. C'est l'amour du beau et du bien. L'art qui, sous toutes ses manifestations, est la plus belle création de l'esprit humain. Sans l'art, que serait la vie? Manger, boire, dormir, prier et mourir? À quoi bon vivre plus longtemps s'il s'agit seulement de satisfaire aux besoins qui entretiennent la vie? Sans le charme de l'art, tout ne serait rien. Et de tous les arts, celui du théâtre est le plus complet, car il utilise tous les autres. De même toute âme a besoin de prier, de même tout esprit a besoin d'évoquer des rêves, des légendes et des disparus. Ce siècle, qui semble être celui des libertés, nous apportera bien des surprises, et c'est par le théâtre qu'elles nous seront d'abord présentées. Celui-ci est le porte-voix des idées nouvelles. Il prêche avec douceur ce que vous, mon père, prêchez avec rudesse. Il est vrai qu'il évoque le vice, mais c'est pour mieux le confondre et le combattre. Il dévoile les turpitudes et les abus par le sarcasme, éduque les ignorants sans qu'ils s'en doutent, aiguillonne les courages timides, soutient la foi, donne l'espérance et enseigne la charité. Il ne faut pas que la foule sorte du théâtre sans emporter avec elle quelque moralité austère et profonde. Le théâtre chante la beauté des choses. Il éveille le patriotisme. Il éveille les cerveaux. Il frappe à tous les cœurs. Il les émeut, les transporte, les électrise. Il châtie. Il flétrit. Il pardonne. Il cherche la vérité. Il nous fait croire aux héros. Grâce à lui nous devenons un père qui doit sacrifier sa fille pour plaire aux dieux. Nous devenons de jeunes amants qui à Vérone s'aiment malgré leur différence. Nous devenons un homme au nez trop long qui aime sa trop belle cousine. Nous devenons ce jeune homme qui dans la solitude de son dortoir s'imagine la rencontre improbable avec une actrice célèbre. Ce jeune homme qui, touché par le sort de son ami, dresse le portrait de la dureté de son époque. *(Elle revient au texte de la pièce.)* «Au triomphe du théâtre, mon cœur ne battra plus de vos ardentes émotions !… Adieu… adieu, mes doux amis ! »

On entend les applaudissements et les bravos qui s'évanouissent lentement. Sarah disparaît.

On revient au dortoir. Michaud enlève sa soutane en parlant.

MICHAUD, *au public.* Ce fut l'une des plus longues ovations de sa carrière. Le tapage joyeux des étudiants présents au spectacle, ceux qui avaient osé défier l'autorité de l'archevêque, se fit entendre tout au long des saluts. Pendant les nombreux rappels, des corbeilles fleuries installées sur des cordes se sont mises à descendre du paradis jusqu'à la scène. Il y avait aussi des colombes de papier enrubannées portant à leur cou des sonnets pour la Divine. Mais à l'extérieur du théâtre, au même moment, c'était la bousculade. D'un côté, des dévots par dizaines voulaient la tête de Sarah ; de l'autre, les Chevaliers du travail insultaient le public qui en sortait. Quand Sarah apparut à son tour, on lui lança des œufs pourris, des blocs de glace, des pavés. Deux acteurs de la troupe furent blessés. Sarah et sa compagnie quittèrent la ville en panique. *(Il prend sa valise et y range des effets personnels.)* J'ai tenté de la rattraper pour lui donner ma pièce. Ma pièce au bout de mon bras. J'ai été porté jusqu'à la gare par la houle déchaînée de la populace, ma pièce au bout de mon bras ! Sous les cris ! Sous les coups ! Ma pièce au bout de mon bras. Sur le quai, au milieu du chaos, j'ai vu le train s'éloigner. On avait écrit sur son wagon, sur son beau pullman : « Retourne chez toi, sale Juive ! » Moi, sur le quai, ma pièce pour Sarah au bout de mon bras. *(Tandis que Michaud poursuit, Casgrain monte dans l'échelle. Il enlève ses souliers, grimpe à une fenêtre, l'ouvre, dépose les souliers sur le rebord. Il descend de l'échelle et sort.)* Les journaux d'Amérique et d'Europe se révoltèrent d'un tel accueil pour une si grande artiste. Le premier ministre s'excusa personnellement auprès d'elle. L'archevêque devint cardinal. Le prêtre aux yeux de chat fut éloigné en Afrique. On décréta une censure accrue sur les livres et les spectacles. Quelques jours plus tard, dans la cour du Grand Séminaire, on retrouva le corps du frère Casgrain. On a dit qu'il était tombé de la fenêtre du dortoir. *(On entend le chant des séminaristes au loin. Talbot, en soutane, entre en poussant le chariot rempli de livres interdits. Il regarde sous un matelas, en sort un ouvrage qu'il dépose sur le chariot. Michaud vide le contenu de sa valise par terre et la remplit des livres sur le chariot.)* J'ai fini ma pièce. *(Il remet le manuscrit de sa pièce à Talbot.)* Tiens! *(Il entame sa sortie.)* Talbot?

TALBOT. Quoi?

Sûr de lui, Michaud prend Talbot dans ses bras. Un temps. Pendant que le noir descend, Michaud prend sa valise et sort. Talbot s'empare du manuscrit de la pièce et commence à le lire.

TALBOT. «Quand la rumeur du public s'évanouit, au moment où le noir se fait dans la salle, on retient son souffle et on ne fait plus qu'un. Le rideau se lève et on découvre le décor. Qui va entrer par cette porte? Qui va monter dans cette échelle? Qui va dormir dans ces lits? J'aime le théâtre. J'aime le théâtre parce que ce n'est pas ma vie.»

Noir.

REMERCIEMENTS

Cette pièce a été écrite grâce à la généreuse invitation et à l'exceptionnel soutien du prestigieux Shaw Festival Theatre de Niagara-on-the-Lake. La pièce a d'ailleurs été inspirée par l'œuvre du dramaturge irlandais George Bernard Shaw qui a dénoncé les méfaits du capitalisme et de l'hypocrisie de la hiérarchie religieuse.

Merci à Jackie Maxwell pour la complicité et la confiance. Merci à tous les comédiens et comédiennes du Shaw Festival et du Théâtre du Nouveau Monde qui ont participé aux ateliers et aux lectures. Merci à Linda Gaboriau pour ses conseils et pour avoir relevé l'exigeant défi de traduire en langue anglaise les différentes versions de la pièce.

Merci à Lorraine Pintal et à son équipe du Théâtre du Nouveau Monde de Montréal d'accueillir en novembre 2015 *La divine illusion*, la création de la version originale en langue française.

Enfin, merci à Louis Gravel, mon lecteur préféré.

OUVRAGE RÉALISÉ PAR
LUC JACQUES, TYPOGRAPHE
ACHEVÉ D'IMPRIMER
EN JANVIER 2016
SUR LES PRESSES
DE MARQUIS IMPRIMEUR
POUR LE COMPTE DE
LEMÉAC ÉDITEUR, MONTRÉAL

Talbot
prêtre   travailleur
ou
il est victime

DÉPÔT LÉGAL
1re ÉDITION : 3e TRIMESTRE 2015
(ÉD. 01 / IMP. 02)